KATHARINA
DIE GROSSE
UND IHRE ZEIT

ERICH DONNERT

KATHARINA DIE GROSSE UND IHRE ZEIT

RUSSLAND IM ZEITALTER
DER AUFKLÄRUNG

EDITION LEIPZIG

Bildnachweis

Alle Abbildungen stammen aus dem Bildarchiv
Preußischer Kulturbesitz.

Die Deutsche Bibliothek – CIP-Einheitsaufnahme
Donnert, Erich:
Katharina die Große und ihre Zeit : Russland im Zeitalter
der Aufklärung / Erich Donnert. – Leipzig : Ed. Leipzig, 1996
ISBN 3-361-00455-1

Umschlaggestaltung: Morian & Bayer-Eynck, Coesfeld
Produktion: VerlagsService Dr. Helmut Neuberger
& Karl Schaumann GmbH, Heimstetten
Gesetzt aus der 12 Punkt Stempel Garamond
Druck und Bindung: Mladinska Knjiga, Ljubljana
Printed in Slovenia
Gedruckt auf alterungsbeständigem Papier
mit chlorfrei gebleichtem Zellstoff

Inhalt

Vorwort

Die Rolle Rußlands im Gefüge der Weltpolitik hat sich nach dem Zusammenbruch des Kommunismus stark gewandelt. Aus den Überresten einer einstigen Weltmacht ist ein schwer einzuschätzendes Staatswesen hervorgegangen, das sich auf fast jeder Ebene im Umbruch befindet. Die ehemalige Sowjetunion bröckelt an den Rändern ab, anhaltende zentrifugale Tendenzen haben in einigen Fällen zur Bildung neuer Nationalstaaten geführt, die mit der früheren Zentrale in Moskau nichts mehr zu tun haben wollen. Auch nach mehrjähriger Regierungszeit und seiner erfolgten Neuwahl befindet sich der gegenwärtige russische Präsident in keiner wirklich konsolidierten Position. Die Tagespolitik wird von nicht immer durchschaubaren Einflüssen bestimmt. Militärische Konflikte erschüttern das Innere wie das Umfeld der »Gemeinschaft unabhängiger Staaten«. Die russische Gesellschaft muß sich innerhalb kürzester Zeit auf neue Rahmenbedingungen einstellen und sich aus den gewohnten Bahnen des Kommunismus verabschieden. Vertreter einer umfassenden Modernisierung stehen dabei gegen die Kräfte der Beharrung. Neu an dieser Konstellation ist, daß das russische Volk erstmals wirklich an der politischen Willensbildung beteiligt wird. Die ebenso lang wie gern zitierte »russische Unfreiheit« hat als pauschales

Erklärungsmuster ausgedient. Angesichts dieser Entwicklung kann es hilfreich sein, den Blick auch rückwärts zu richten, in die historische Überlieferung nämlich, auf eine herausragende Epoche russischer Geschichte, die sich an eine Phase radikaler Reformen und unvermeidlicher Rückschläge anschließt.

Dabei steht ausdrücklich nicht die Ereignisgeschichte im Vordergrund. Bei der vorliegenden kulturgeschichtlichen Darstellung handelt es sich um eine Neubearbeitung der die Zeit Katharinas II. betreffenden Kapitel meines Buches »Rußland im Zeitalter der Aufklärung« von 1983, das 1986 auch in englischer und französischer Ausgabe erschienen ist. In ihrem Mittelpunkt steht die Betrachtung von Bildung, Wissenschaft, Literatur und Kunst im Zarenreich während der zweiten Hälfte des 18. Jahrhunderts, deren Entwicklung von der aufgeklärt-autokratischen Monarchin maßgeblich gefördert wurde. Die Kaiserin bemühte sich darum, der hergebrachten Herrschaftsweise des Zartums eine neue, rational begründete Grundlage zu geben und darüber hinaus das russische Denken dauerhaft in der europäischen Gedankenwelt zu verankern.

Russische und von Katharina II. aus dem Ausland herbeigerufene Architekten haben unermüdlich die beiden Hauptstädte und andere Metropolen des Zarenreiches ausgebaut und im Süden des Landes zahlreiche neue Städte gleichsam aus dem Boden gestampft. Das St. Petersburg der Kaiserin mit seinem Kern um das Newaufer und das Winterpalais boten das harmonische Bild eines in sich geschlossenen reizvollen Ensembles. Ein Sechstel der Bewohner der Residenzstadt waren Ausländer, unter denen die Deutschen, gefolgt von den Franzosen, die erste Stelle einnahmen. Ihr Zuzug hielt auch unter Katharina an. Besonders wichtig wurde die Zuwanderung deutscher Gelehrter, die den Stamm der Kaiserlich Russischen Akademie der Wissenschaften und anderer Forschungs- und Bildungseinrichtungen des Landes ausmachten. Am Ende des 18. Jahrhunderts gehörten die deutschen Akademiker und ihre Familien bereits zum festen Bestandteil der gesellschaftlichen Elite der beiden Hauptstädte, besonders St. Petersburgs. Sie dienten als Brücke zwischen zwei Kulturwelten und unterhielten als wissenschaftlich und technisch gebildete Intelligenz im Dienste der kaiserlich russischen Regierung zugleich enge Verbindung mit den Repräsentanten der jungen russischen *Intelligencija*. Auf diese Weise vermochten sie Elemente aus ihrer heimatlichen deutschen Kulturlandschaft und dortige zeitgenössische Erkenntnisse in das russische Kultur- und Geistesleben einzubringen. Das dadurch entstandene bikulturelle und bilinguale Milieu bildet daher ein markantes Kennzeichen der neueren russischen Geschichte.

Die sich aus dem Thema ergebenden Sachverhalte, die hier in knapper und übersichtlicher Form dargestellt werden, habe ich in den vergangenen Jahren in zahlreichen Einzelstudien näher untersucht, die im Verein mit den seit 1983 erschienenen neuen einschlägigen Arbeiten in den Anmerkungen angeführt sind.

Bleibt noch zu bemerken, daß das vorstehende Buch sich als Beitrag zu der noch immer ausstehenden, geschlossenen modernen Kulturgeschichte Rußlands in der Zeit Katharinas II. versteht, deren 200. Todestag am 6. (17.) November dieses Jahres begangen wird.

Halle (Saale), im Juli 1996
Erich Donnert

Auf dem Weg zur europäischen Großmacht

Vorhergehende Doppelseite:

*Erstürmung der türkischen Festung Otschakow
am 6. (17.) Dezember 1788 an der Nordwestküste des
Schwarzen Meeres unter Feldmarschall Grigori Alexandrowitsch
Potjomkin. Stich von Adam von Bartsch nach einem
Gemälde von François Casanova*

Unter den Nachfolgern Peters des Großen, die bis zum Ende des 18. Jahrhunderts den russischen Kaiserthron einnahmen, gingen in Wirtschaft, Gesellschaft und Kultur bedeutungsvolle Veränderungen vor sich. Vornehmlich in der Wirtschaft waren Fortschritte zu verzeichnen. Nicht nur, daß sich ein bürgerlicher, kaufmännisch geprägter Stand zwischen Adel und Bauern herausbildete. Wichtige Maßnahmen der Regierung im zweiten Viertel des Jahrhunderts waren die Beseitigung des staatlichen Außenhandelsmonopols und die Abschaffung der Binnenzölle. Handel und Verkehr nahmen zu, neue Straßen und Kanäle wurden gebaut.

Das ging einher mit Entwicklungen, die die Rückständigkeit des Landes für lange Zeit festschrieben: Der Adel (zu Beginn des 18. Jahrhunderts befanden sich 60 Prozent des Grund und Bodens in adliger Hand) setzte unmittelbar nach 1725 die Erweiterung seiner Vorrechte und damit die Zurücknahme der petrinischen Beschränkungsmaßnahmen durch. Die seit 1649 reichsgesetzlich verankerte Leibeigenschaft der Bauern wurde noch verschärft. In verschiedenen Reglements wurden erhöhte Verpflichtungen, Dienstleistungen und Zahlungen der leibeigenen Bauern festgelegt. Das betraf nicht nur die Leistungen (Fron und Zins) an die Grundherren, sondern auch die Forderungen der Staatsmacht, die in den Bauern auch ihr Reservoir für den zwangsweisen Kriegsdienst fand. Die Reformen Peters des Großen waren im agrarischen Bereich nicht besonders tief gegangen. Auf die wachsende soziale Bedrückung reagierten die Bauern mit Widerstand. Ebenso kam es unter Manufakturarbeitsleuten zu Unruhen. 1747 und 1755 erhoben sich zudem die Baschkiren, die schon in der petrinischen Zeit mehrere Jahre für Unruhe gesorgt hatten.

Die Innenpolitik nach dem Tode Peters I. war gekennzeichnet durch die Machtkämpfe der Adelsgruppen. Bei den rasch aufeinanderfolgenden Thronwechseln dominierten die jeweiligen Günstlinge, und es kam zur Favoritenherrschaft. Allein im Zeitraum von 1725 bis 1761 erfolgten sieben Regierungsumstürze. Der Kaiserstuhl wurde, betrachtet man die Dauer der Regentschaft, fast ausschließlich von Frauen eingenommen. So saßen auf dem russischen Zarenthron: Katharina I. (1725–1727), die Gemahlin Peters I.; Peter II. (1727 bis 1730), der Enkel Peters I.; Anna Iwanowna (1730–1740), die Tochter Iwan Alexejewitschs, des Halbbruders Peters I.; Iwan VI. (1740–1741), ein einjähriger Säugling; Elisabeth (1741–1761), die Tochter Peters I., und Peter III. (1761/62), der Herzog von Holstein-Gottorf und Enkel Peters I.

Die russische Außenpolitik bis zu Beginn der sechziger Jahre stand deutlich im Zeichen des engen Kontakts zu Österreich, Preußen und Sachsen-Polen. Es kam zu intensiven wirtschaftlichen, kulturellen und dynastischen Wechselbeziehungen. Rußland erlangte beherrschenden Einfluß auf Polen und Kurland, das staatsrechtlich zur polnischen Krone gehörte. Im Polnischen Erbfolgekrieg (1733–1735) wurde August III. von Sachsen mit russischer Unterstützung König

Im Inneren einer russischen Bauernhütte.
Radierung von Jean-Baptiste Le Prince, 1768

von Polen. Im Koalitionskrieg mit Österreich gegen die Türken (1735–1739) eroberte Generalfeldmarschall Graf Burchard Christoph von Münnich erstmalig die Krim und Otschakow. Durch den Frieden von Belgrad 1739 gewann Rußland endgültig Asow.

Unter Kaiserin Elisabeth, d. h. in den vierziger und fünfziger Jahren, erhielt die Außenpolitik eine neue Qualität, die den in Europa gängigen Stil der absolutistischen Politik »aus dem Kabinett« auch in Rußland heimisch machte: Diplomatie im Dienst der Staatsräson, (begrenzte) kriegerische Mittel

Jemeljan Iwanowitsch Pugatschow,
Anführer des Massenaufruhrs in Rußland
1773–1775. Zeitgenössisches Flugblatt

nicht ausgeschlossen. Als wichtigste Ereignisse seien hier das Eingreifen des Zarenreiches in den Österreichischen Erbfolgekrieg (1740–1748) und in den Siebenjährigen Krieg (1756 bis 1763) herausgegriffen. Schweden, das die Revanche für die im Nordischen Krieg (1700–1721) an Rußland verlorene Vormachtstellung in der Ostsee suchte, blieb auch im 1741 bis 1743 ausgetragenen Konflikt gegen das Zarenreich erfolglos. Im Frieden von Åbo erhielt Kaiserin Elisabeth Südostfinnland zugesprochen. Die Teilnahme am Siebenjährigen Krieg als Gegner Preußens brachte für Rußland eine beträchtliche Erhöhung seines Prestiges als europäische Großmacht.

Da die Grundlagen des Leibeigenschaftssystems auch in der zweiten Hälfte des 18. Jahrhunderts nicht aufgegeben wurden, entwickelte sich die Wirtschaft des Landes langsa-

mer als im übrigen Europa, was sich auf die Lebensverhält-
nisse der Bevölkerung des Russischen Reiches auswirkte. Die
unbefriedigende Lage der unteren Schichten führte daher in
den sechziger Jahren zu bäuerlichen Unruhen und zur Auf-
lehnung von Manufakturarbeitsleuten, die in den machtvol-
len, blutigen, anarchistischen Pugatschow-Aufstand (1773 bis
1775) einmündeten. Dabei handelte es sich um die bislang
größte archaische Sozialrebellion in der Geschichte des
Zarenreichs, eine gewaltige Jacquerie an der Peripherie des
Reiches und als solche um eine ernste Herausforderung für
die russische Kaiserin.

Die Aufständischen, die die Abschaffung der Leibeigenschaft forderten, rekrutierten sich aus verschiedenen Bevölke-
rungsschichten: aus Kosaken, Bergwerks- und Fabrikarbeits-
leuten, leibeigenen Bauern und Angehörigen zahlreicher
nichtrussischer Völker. Der Aufstand wurde durch das Militär
niedergeworfen, Pugatschow, der sich als Zar Peter III. aus-
gab, im Januar 1775 in Moskau hingerichtet. Der Pugatschow-
Aufstand fand in ganz Europa großen Widerhall. In Rußland
selbst wirkte die Angst vor der Wiederholung der gräßlichen
Ereignisse von 1773 bis 1775 lange nach, und der Schatten des
gewalttätigen anarchistischen Rebellen sollte noch kommende
Generationen verfolgen.

Kaiserin Jekaterina Alexejewna, wie Katharina II. in Rußland
genannt wurde, hatte zu diesem Zeitpunkt bereits einen
rasanten Aufstieg hinter sich. In die Wiege gelegt worden war
ihr dies allerdings nicht: Zur Welt kam sie am 2. Mai 1729 in
Stettin als Prinzessin von Anhalt-Zerbst und wurde auf die
Namen Sophie Friederike Auguste getauft. Ihr Vater, Fürst
Christian August, gehörte zu den Kleinstpotentaten, deren es

im Heiligen Römischen Reich deutscher Nation so viele gab. Er diente als General in der preußischen Armee. Die Mutter, Prinzessin Johanna Elisabeth, entstammte dem bedeutenderen Haus Holstein-Gottorf, das seine große Zeit noch vor sich hatte.

Die weiteren Aussichten der jungen Prinzessin von Anhalt-Zerbst waren mangels Fortüne die einer nicht besonders umworbenen Partie. Die sich ihr unverhofft bietende Chance, sich mehr mit der Krone Rußland zu vermählen als mit dem Großfürsten Peter, Herzog von Holstein-Gottorf und Neffen der Zarin Elisabeth, ergriff sie daher nur zu gern. Diese Abfolge der Prioritäten gab sie später auch unumwunden zu.

Zunächst stand ihrem Ehrgeiz ein Hindernis in der Gestalt der regierenden Kaiserin entgegen. Erst nach der Thronbesteigung ihres Gemahls als Peter III. konnte Katharina versuchen, durch eine Verschwörung die Macht an sich zu reißen. Der Staatsstreich gelang ohne Blutvergießen. Daß der nach nur sechs Monaten zum Thronverzicht gezwungene, nicht besonders beliebte Gatte wenige Tage darauf bei einem Gelage einen gewaltsamen Tod fand, war Katharina nicht unbedingt anzulasten. Dieser »Betriebsunfall« trübte allerdings ihr Ansehen in den Augen der Zeitgenossen wie der Nachwelt.

Für das Bild einer nach den Grundsätzen des Aufgeklärten Absolutismus regierenden Fürstin spricht auch nicht, daß sie nach der Besteigung des Kaiserthrons am 28. Juni 1762 in einer der ersten Regierungshandlungen die Rechte des Adels auf seine Leibeigenen bestätigte und die bäuerlichen Unfreien an ihre Gehorsamspflicht erinnerte. Dieser Akt weist darauf hin, daß die neue Herrscherin sich ihrer Position noch keineswegs sicher sein konnte. Zwar war sie bei ihrem Staatsstreich nicht nur von der Garde, sondern auch von hohen Würdenträgern unterstützt worden. Die Verschwörer wurden von der Krone dafür reichlich mit Geld und Gut bedacht. Der Adel aber verhielt sich der neuen Herrscherin gegenüber vorwiegend abwartend. Mit direkter Opposition aus diesen Kreisen war jedoch durchaus zu rechnen: So hofften bestimmte Gruppen, Katharinas Sohn, den Großfürsten Paul, auf den Thron setzen zu können. Dieser war freilich noch minderjährig und kam als ernsthafter Konkurrent für seine Mutter nicht in Frage.

Ungeachtet der noch unsicheren Lage ging Katharina daran, ihre Macht entschlossen zu nutzen. Wo die Schwächen ihres Reiches lagen, war ihr und ihren engsten Beratern klar. Das Manifest zum Regierungsantritt vom 7. Juli 1762 formulierte deutliche Worte: Sie versprach darin, »auf gesetzlichem Wege solche staatliche Institutionen zu schaffen, durch die die Regierung (...) in ihrer Kraft und den ihr zustehenden Grenzen ihren Lauf nehmen kann, auf daß auch in Zukunft jede Staatsbehörde ihre Grenzen und ihre Gesetze zum Zwecke der Wahrung der guten Ordnung habe«.

Katharina ließ auch sonst erkennen, daß das bei der Thronbesteigung gegebene Versprechen, dem Volkswohl dienen zu wollen, verwirklicht werden sollte. Mit ihren Vorstellungen stieß sie bei ihren nach Einfluß strebenden Beratern nicht immer auf Gegenliebe. Sie manövrierte diese vielmehr aus, indem sie zwar einen mehrköpfigen »Kaiserlichen Rat« ernannte, aber nie einberief. Auf diese Weise machte Katharina deutlich, daß »Selbstherrschaft«, wenn auch den Idealen der Aufklärung verpflichtet, für sie die beste Herrschaftsform sei.

Proklamation der Krönung Katharinas II. in Moskau.
Stich von Alexei Jakowlewitsch Kolpaschnikow,
Zeichnung von Jean de Velly

Das Verhältnis zu den überstürzten, am preußischen Vorbild orientierten Reformen ihres abgesetzten Vorgängers und Gemahls war zwiespältig. Dessen Erlaß über die Adelsfreiheit wurde nicht ausdrücklich bestätigt, wohl aber die Auflösung der verhaßten »Geheimen Kanzlei«. Die gleichfalls unter Peter III. erfolgte Verstaatlichung der Kirchengüter wurde noch 1762 rückgängig gemacht, um 1764 erneut durchgeführt zu werden, dieses Mal aber konsequent. Mehr als die Hälfte der Klöster wurde aufgelöst, die Kirche auch in Fragen ihrer inneren Organisation den sehr genauen Vorgaben der Herrscherin unterworfen.

Das Regierungsprogramm der Zarin zielte auf eine effektivere, klar organisierte Verwaltung ab und darauf, den Herr-

Galadiner Katharinas II. im Thronsaal des Moskauer Kremls.
Stich von Alexei Jakowlewitsch Kolpaschnikow,
Zeichnung von Jean de Velly

schaftsapparat zu zentralisieren. Die Sonderrechte der Rand-
provinzen im Baltikum oder in der Ukraine, um nur ein
Beispiel zu nennen, wurden in der Folge aufgeweicht und die
allgemeine Wirksamkeit der russischen Verwaltung und
Gesetzgebung auf diese Gebiete ausgedehnt. Gerade auf
letzterem Gebiet wollte sich die Zarin profilieren. Ihr *Nakas*,
die »Instruktion für die Verfertigung des Entwurfs zu einem
neuen Gesetzbuch«, von 1767 umfaßte 631 Artikel, die sich
in 22 Kapitel gliederten. Die Instruktion sollte Richtlinien
für die weitere Entwicklung Rußlands definieren.

Sie war als Arbeitsgrundlage für die im gleichen Jahr nach
Moskau berufene *Große Gesetzbuch-Kommission* gedacht
und wurde von Katharina persönlich unter ausgiebiger

Zuhilfenahme der zeitgenössischen Staatswissenschaften zusammengestellt – freilich nicht ohne zahlreiche Änderungen im Hinblick auf die ungeschmälert zu bewahrende eigene Autokratie. Nach eineinhalb Jahren ging die Versammlung, durch einen Ukas aufgelöst, wieder auseinander, ohne ihre eigentliche Aufgabe erfüllt zu haben. Wenn auch Großfürst Paul, der Thronfolger, das Ganze unverblümt als bloße Schau bezeichnete, die dem Ausland imponieren sollte, so hatte die Gesetzbuch-Kommission ihr Verdienst doch darin, daß sie zumindest eine Bestandsaufnahme der Verhältnisse abgeliefert hatte.

Mit ihren herrscherlichen Maßstäben stieß Katharina allerdings auf Dauer an Grenzen – nicht nur an ihre eigenen. Es zeigte sich, daß Ideal und Staatsräson sich nicht immer miteinander verschmelzen ließen. So wurden oft Mittelwege begangen. Projekte für eine Milderung der Leibeigenschaft blieben Projekte, an grundlegenden gesellschaftlichen Bedingungen wie der Schollenbindung der Bauern wurde nicht gerüttelt. Die versprochene Verfassung erhielt Rußland unter Katharina II. gleichfalls nicht. Der Schwung der Modernisierung, wenn man sie denn so nennen darf, verlor sich im staatsrechtlichen Bereich mehr und mehr. Die Gouvernementsreform von 1775 stärkte vielmehr die Macht des Adels und die zarische Selbstherrschaft. Auch die 1785 erlassene Städteordnung brachte nur Ansätze einer kommunalen Selbstverwaltung, die sich als nicht lebenskräftig erwiesen. Im gleichen Jahr ließ die Herrscherin den »Gnadenbrief an den Adel« erscheinen, der die Adelsfreiheit proklamierte. In den Bauerngesetzen räumte die Zarin den Adligen das Recht auf Verschickung, Deportation und Zwangsarbeit unbotmäßiger leibeigener Bauern ein. Danach

Medaille auf die Thronbesteigung Katharinas II.
Die Rückseite zeigt die allegorische Übergabe der Krone
von Rußland durch St. Petersburg

durften Bauern ohne Land und getrennt von ihren Familien-
angehörigen verkauft (etwa als Rekruten), verpfändet und
versteigert werden.

Ist die innenpolitische Bilanz bei aller Anerkennung des
Geleisteten nicht frei von Widersprüchen, so erscheint die
Außenpolitik unter Kaiserin Katharina II. in deutlich kla-
reren Zügen.

Eine aus Anlaß der Thronbesteigung geprägte Goldmedaille
zeigt auf ihrer Vorderseite die Herrscherin als Minerva – ein
Titel, den ihr 1763 auch Voltaire überschwenglich zuerkann-
te. Die geharnischte Göttin verkörperte freilich nicht nur die
schönen Künste und die Wissenschaften, sondern auch den
(ritterlichen) Kampf. Diese zweite Seite der mythischen Gestalt erhielt während der Regierungszeit Katharinas II. durchaus Gelegenheit zur Bewährung. Unter ihrer Ägide erfolgte
der Aufstieg Rußlands zur europäischen Großmacht. Das

war nicht zuletzt einem sehr aggressiven Vorgehen zu verdanken, das die sich bietenden Gelegenheiten und Konstellationen nutzte.

Peter I. hatte ein Grundproblem des Russischen Reiches bereits erfolgreich beseitigt: das Fehlen eines brauchbaren Zugangs zu den Weltmeeren. Das Ostseeproblem schien mit dem Ausbau der eigenen Vormachtstellung grundsätzlich gelöst. Bald darauf erlangte das Zarenreich entscheidenden Einfluß in Polen und wurde zu einem bestimmenden Faktor im Spiel der Mächte auch auf dem Festland.

Peter III. hatte sich durch einen Separatfrieden mit Preußen aus dem Siebenjährigen Krieg zurückgezogen und obendrein ein Bündnis mit Friedrich dem Großen abgeschlossen. An dieser Neuorientierung – auch wenn sie die Gefahr der zeitweisen außenpolitischen Isolation einschloß – wurde festgehalten, um so mehr, als 1763 die Frage der polnischen Thronfolge akut wurde. Die Westpolitik Rußlands konzentrierte sich von jetzt an mit einigem Erfolg auf das unmittelbare Vorfeld: 1764 erzwangen Katharinas Truppen die Wahl Stanislaw II. August Poniatowskis zum König von Polen. Hatte man in ihm eine schwache Figur gesehen, über die man die polnischen Verhältnisse im russischen Sinn wirksam kontrollieren konnte, so erlebten die Zarin und ihre Berater mit Poniatowski einige unangenehme Überraschungen. Dieser setzte nämlich ein Reformprogramm in Gang, das erst unter dem vereinten preußisch-russischen Druck eingestellt wurde. 1767/68 folgte eine erneute militärische Intervention durch Rußland.

Die preußischen Ziele gingen über eine reine Kontrolle der Verhältnisse im Lande hinaus – mit bekanntem Resultat: 1772 kam es zur Ersten Teilung Polens zwischen Rußland,

Der Königskuchen.
Allegorisches Blatt auf die Erste Teilung Polens 1772.
Kupferstich von Noël Lemire

Österreich und Preußen, 1793 zur Zweiten zwischen Rußland und Preußen und 1795 zur Dritten, nun wieder zwischen Rußland, Österreich und Preußen. Polen blieb für
mehr als ein Jahrhundert von der politischen Landkarte ver-
schwunden.

Neben den Aktionen in Polen und der Wahrung der Interessen im Ostseeraum vermittelte Rußland im Bayerischen
Erbfolgekrieg (1777–1779) zwischen Österreich und Preußen
den Frieden von Teschen. 1780 unterstützte Katharina II.
durch die »Deklaration über die Bewaffnete Neutralität« den
nordamerikanischen Unabhängigkeitskampf. Der Krieg Rußlands gegen Schweden (1788–1790) endete mit dem Frieden
von Väräla, der den Status quo bestätigte.

1794 schlugen russische Truppen unter Generalfeldmarschall Graf Alexander Wassiljewitsch Suworow den polnischen Aufstand unter Tadeusz Kościusko nieder. Die un-
nachgiebige Interventionspolitik Katharinas II. sollte auch
als Zeichen dafür verstanden werden, daß man alles daran
setzen wollte, die Saat der Französischen Revolution im
übrigen Europa gar nicht erst aufkommen zu lassen. Der
Thronfolger Paul setzte während seiner Regierungszeit
(1796–1801) den Kampf Rußlands gegen das revolutionäre
Frankreich fort.

Die eigentliche russische Expansionspolitik, wie sie sich ab
Mitte der siebziger Jahre deutlich abzeichnete, ging in eine
andere Richtung. Natürlich nahm die Verflechtung der russischen Wirtschaft mit der des übrigen Europa zu. Wirtschaftliche Erfordernisse, besonders des russischen Getreideex-
ports, ließen aber vor allem den sicheren Zugang zum
Schwarzen Meer und dessen Beherrschung zur Hauptaufgabe
der russischen Außenpolitik werden.

*Der Sieg der russischen Flotte über die Türken in der Bucht von
Tschesme am 25./26. Juni (6./7. Juli) 1770 bildete den Ausgangspunkt
für die freie Schiffahrt Rußlands auf dem Schwarzen Meer.
Kupferstich von Pierre Charles Canot und William Watts
nach einem Gemälde von Richard Paton*

In den beiden Türkenkriegen (1768–1774, 1787–1792)
errangen Katharinas Truppen große Siege. Rußlands Kampf
gegen die Türkei machte den Balkanvölkern Hoffnung, mit
Hilfe der zarischen Truppen die Befreiung vom osmanischen
Joch zu erlangen. Rußland konnte dabei die Einnahme der
Donaufürstentümer Moldau und Walachei sowie die Anglie-
derung des Küstengebiets um das Asowsche Meer und die
Einverleibung der Krim für sich verbuchen. Es sicherte sich
im Frieden von Kütschük Kainardshe vom Jahre 1774 weiterhin das Recht der freien Schiffahrt auf dem Schwarzen Meer
und die ungehinderte Passage durch die Meerengen. 1783

errichtete Katharina II. die Schutzherrschaft des Russischen Kaiserreiches über Ostgeorgien, der die Annexion der Krim voranging. Die von der Zarin ins Land gerufenen deutschen Wolgakolonisten erhielten bei ihrer Siedlungstätigkeit persönliche Freiheit, Selbstverwaltung und andere Vergünstigungen. Ein ähnlicher Vorgang vollzog sich in den Steppengebieten Südrußlands und am Schwarzen Meer. Hier gründeten russische und serbische Neusiedler zahlreiche Städte und Dörfer, so Nikolajew, Odessa, den bedeutenden Kriegshafen Sewastopol, Jekaterinoslaw und andere. Auch auf Alaska entstanden in den achtziger Jahren russische Siedlungen.

Als Katharina II. 1796 starb, übernahm ihr Sohn Paul ein nicht nur territorial gewaltig erweitertes Reich. Gleichzeitig war es der Monarchin gelungen, in den Interessenskonflikten der übrigen Mächte – vor allem im Dualismus der deutschen Flügelmächte Österreich und Preußen – als Zünglein an der Waage zu wirken. Dafür hatte Rußland über dreieinhalb Jahrzehnte hinweg immer wieder große Opfer an Menschen und Werten gebracht. Lob und Fluch waren deshalb bei der Beurteilung der Leistung Katharinas in den Augen der Zeitgenossen wie der Historiker gleichermaßen angebracht.

Insgesamt jedoch bedeutete das 18. Jahrhundert für Rußland den Beginn einer neuen Entwicklungsetappe. So konnte der Historiker Heinrich Storch im ersten Teil seines 1797 erschienenen Buchs »Historisch-Statistisches Gemälde des Russischen Reiches am Ende des achtzehnten Jahrhunderts« mit Recht schreiben: »Wir nähern uns dem Ablauf eines Jahrhunderts, welches durch so viele außerordentliche Ereignisse in den Annalen der Menschheit auf ewig merkwürdig bleiben

Katharina II. Stich von John Young
nach Fedot Iwanowitsch Schubin

wird. Zu den wichtigsten Erscheinungen dieses Zeitraums gehört unstreitig auch die sittlich-politische Umbildung eines zahlreichen und mächtigen Volkes, dessen schlummernde Kräfte wie durch einen elektrischen Schlag geweckt und in die erstaunenswürdigste Tätigkeit gesetzt worden sind. Rußland, ein bisher nur wenig gekanntes und wenig gefürchtetes Reich, tritt mit dem Anfang dieses Jahrhunderts plötzlich unter den europäischen Staaten auf und wird, nach einer kurzen Prüfung seiner Kräfte, der Schiedsrichter und die entscheidende Macht des Nordens. Das ganze Staatensystem von Europa gewinnt eine andere Gestalt; der Einfluß des nordischen Adlers verbreitet sich bis an das Adriatische Meer und den

Tago, während das Schrecken seiner Blitze den Hellespont und den Kaukasus zittern macht. Europäische Kultur wird auf ein neues unermeßliches Gebiet verpflanzt und wurzelt an der Newa wie am Irtysch; dem Handel öffnet sich eine neue Welt, und die Künste, die Sitten, der Luxus, die Tugenden und Laster des westlichen Europa finden eine willige Aufnahme in den Steppen des östlichen Asien und an den unwirtbaren Küsten des Eismeers.«

Katharina II. als aufgeklärte Selbstherrscherin

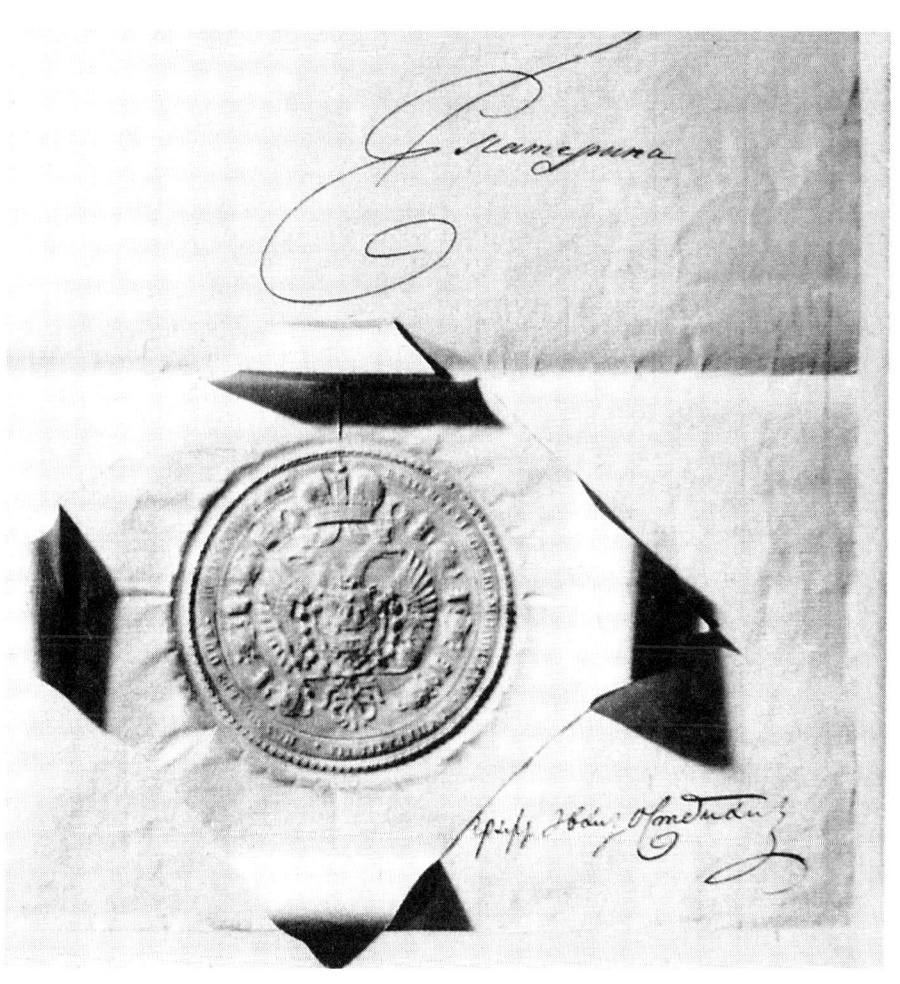

Kaiserin Katharina II.[1] repräsentiert durch die langen Jahre ihrer Regierung – 1762 bis 1796 – ein ganzes Zeitalter, dem im Prozeß der vorindustriellen Modernisierung Rußlands grundlegende Bedeutung zukommt. Die Versuche der russischen Herrscherin, ihr großes Land zu reformieren und auf neue Grundlagen zu stellen, standen in engstem Zusammenhang mit der Entfaltung und Verbreitung der Aufklärung im Zarenreich[2]. Bereits aufmerksame Zeitgenossen im In- und Ausland haben ihren aufgeklärten Intensionen höchstes Interesse entgegengebracht, zeugen doch ihre Schriften von Geist und Bildung.

Katharinas immense schriftliche Hinterlassenschaft dokumentiert nicht allein ihren Willen zu politischer Gestaltung, sondern ebenso ihre weitgespannten Interessen sowie ihre Begabung und Neigung, das Zeitgeschehen innerhalb und außerhalb Rußlands zu verfolgen und zu kommentieren. In ihren Manifesten, Staatsschriften, literarischen und publizistischen Versuchen, zahllosen Briefen und Selbstzeugnissen sowie sonstigen Papieren legte die russische Kaiserin nicht nur ein Bekenntnis zu den Idealen und Zielen der Aufklärung ab, sondern zeigte sich im Rahmen der sozialen und wirtschaftlichen Gegebenheiten ebenso ernsthaft um deren Verwirklichung bemüht.

So kann an den guten Absichten, die Katharina II. bei ihrem Reformwerk hegte, nicht gezweifelt werden. Die Kaiserin orientierte ihre Gesetzgebung an den Maßstäben einer zeitgemäßen aufgeklärten und humanen Herrschaft. Dabei bediente sie sich bewußt der politischen Literatur der europäischen Aufklärung und unternahm alle Anstrengungen, die Herrschaft zu europäisieren und zu rationalisieren, ihre Untertanen als dienende Stände zu konstituieren und in ein modernes Gefüge zu bringen. Im Vergleich zu Peter I. und dessen unmittelbaren Nachfolgern stellte sich Katharinas Herrschaft als bereits weit stärker an den Werten einer modernen Zivilisation orientiert dar. Es war die Zarin selbst, die die Politik des Russischen Reiches maßgeblich definierte und gestaltete.

An ihren Reformabsichten hielt Katharina zeitlebens fest. Bereits als Großfürstin identifizierte sie sich eindeutig mit Rußland. Von Beginn ihrer Herrschaft an war sie bestrebt, sich mit eigenständigen und zeitgemäßen Beiträgen in die Tradition der Reform, Verwestlichung und Modernisierung Rußlands einzufügen. Dabei hat sie weder als Prinzessin von Anhalt-Zerbst noch als Großfürstin von Rußland je eine akademische Bildung erfahren. Ihr politisches Denken wurde im Laufe ihrer Regierungszeit, ungeachtet ihrer engen Verbindungen mit den *philosophes* und der Rezeption der französischen Aufklärung, immer deutlicher von deutschen Einflüssen geprägt. Dies geht aus ihren eigenhändigen Zeugnissen freilich kaum hervor, hat sie doch weder in jungen Jahren noch als reife Monarchin ihr Verhältnis zu Deutschland und den Deutschen offenbart.

Wie neuere Forschungen[3] bestätigt haben, ist an Katharinas Anknüpfung an die Tradition des frühmodernen euro-

Ihrer Kayserlichen Majestät
Instruction
für die
zu Verfertigung des Entwurfs
zu einem
neuen Gesetz-Buche
verordnete
Commission.

St. Petersburg
gedruckt bey der Kayserlichen Academie der Wissenschaften.
1 7 7 0.

Instruktion Katharinas II. an die
Kommission für die Ausarbeitung eines neuen
Gesetzbuches. St. Petersburg 1770

päischen und insbesondere des als ideal aufgefaßten deutschen »wohlgeordneten Policey-Staates« nicht zu zweifeln.
Galten die deutschen Mittel- und Kleinstaaten doch schon
Peter dem Großen als Muster für Rußland. So ist die Praxis
der *aufgeklärten Selbstherrschaft* Katharinas II. von den
deutschen Kameralwissenschaften ungleich stärker bestimmt
worden als von der Praxis der französischen *Lumière*. Auch
Katharinas Ziel war der *wohlgeordnete Policey-Staat*, nicht
die konstitutionelle Monarchie, in dem der »Contrat social«
keinen Platz finden konnte. Es war der Einfluß Justis, Biel-
felds und anderer Kameralisten, die die Kaiserin veranlaßten,
Montesquieus absolutismuskritischen Entwurf »De l'esprit
des lois« von 1748 in Richtung eines Modells für einen aufgeklärt-autokratischen Behörden- und Beamtenstaat zu korri-

gieren. Mit ihrer Reformierung der Reichsverfassung wollte die Monarchin nicht nur den russischen Staat modernisieren, sondern auch eine Ständeordnung schaffen und durch die Reorganisation des Gerichtswesens das Verhältnis von Thron und Untertanen mit größerer Rechtssicherheit ausstatten.

Bei Katharina II. stellten von Anfang an die deutsche Frühaufklärung und der Kameralismus ein bestimmendes Element ihres politischen Denkens dar. Diese Merkmale bilden zugleich den Grundzug der russischen Aufklärung im 18. Jahrhundert, stand diese doch in einem engen Wechselverhältnis zur deutschen Aufklärung. Vorgegeben war in Rußland bereits seit Peter I. die naturrechtliche Legitimation der Selbstherrschaft. Für die russischen Herrscher galt daher, nicht nur der Vernunft, sondern ebenso der göttlichen Gnade teilhaftig zu sein. So lehrten es in Deutschland Samuel Pufendorf, Christian Thomasius und insbesondere Christian Wolff. Ihnen folgte in Rußland zu Beginn des 18. Jahrhunderts Feofan Prokopowitsch, der vom »freiwilligen Gehorsam« des Volkes sprach. Diesen ließ sich Katharina II. nach ihrer Thronbesteigung erneut verbriefen. Unter Peter I. war die orthodoxe Kirche dem Staat untertänig geworden, und dabei blieb es auch unter Katharina II. Zu den Rahmenbedingungen der in Rußland bestehenden Verhältnisse gehörte der von Peter I. verfügte Zusammenhang von Staatsdienst, Adelsordnung und bäuerlicher Leibeigenschaft. Auch nach dem Februar 1762 – Adelsedikt Peters III. – als der adlige Zwangsdienst nicht mehr im Spiele war, beruhte die Existenz des Russischen Kaiserreiches auf der Dienstwilligkeit der Edelleute. Von der Staatsmacht mit sozialen und ökonomischen Privilegien ausgestattet, zeigten sich die Adligen weiterhin

Knutenstrafe.
Stich von Jean-Baptiste Le Prince, 1768

bereit, der Autokratie Gehorsam zu leisten und als Stützen des Staates zur Verfügung zu stehen. Zu den dem Adel zuerkannten Gratifikationen zählte vor allem die Verfügungsgewalt über Leibeigene. Mit der bäuerlichen Leibeigenschaft mußte sich auch, wie sich zeigen sollte, Kaiserin Katharina II. abfinden.

In Rußland erfolgte die Rezeption der europäischen Aufklärung durch Übertragung der Ideen auf eine Gesellschaft und Kultur, die ein Gefüge aus zarischer Selbstherrschaft, Dienstadel und leibeigenen Bauern darstellte. Da sich diese drei Kräfte in ihren politischen und sozialen Erscheinungsformen im 18. Jahrhundert auf eine spezifische und dabei mehr durch Tradition und Gewohnheitsrecht als auf eine formalrechtlich abgesicherte Weise gegenseitig stützten, blieb jeder Versuch, aufklärerische Idealvorstellungen im Sinne einer bürgerlichen Zivilgesellschaft durchzusetzen, von vornherein utopisch. Dies galt für die Reformabsichten Katharinas II. ebenso wie für die von einem Mann wie Alexander Radischtschew verkörperte radikale Opposition des Adels und die Rebellionen bäuerlicher und anderer sozialer Schichten des Volkes.

Voltaire und Rousseau hatten in ihren Stellungnahmen zu den Gegebenheiten im Russischen Reich auf den Dualismus von »oben« und »unten«, von Staat und Volk, aufmerksam gemacht, in dessen Rahmen kein Raum für die Entfaltung von Gesellschaft bliebe. Die Gründe hierfür sah man im Fehlen einer modernen Gesetzgebung und in der Existenz der zarischen Selbstherrschaft, die in Rußland das Aufkommen von Ideen einer Volkssouveränität nicht zuließen. Das Begriffspaar »Staat und Gesellschaft«, das man in Europa bereits seit dem 13. Jahrhundert erörterte, tauchte im politischen Denken des Zarenreiches erst seit der Mitte des 17. Jahrhunderts auf. Es waren vor allem Peter der Große und seine Mitarbeiter, die die Begriffe Staat und Gesellschaft an Hand der Werke von Hugo Grotius, Samuel Pufendorf und Thomas Hobbes auch für Rußland verwendeten. Wirklich debattiert wurde über Staat und Gesellschaft im Zarenreich jedoch erst in der Regierungszeit Katharinas II. Noch unter Peter I. und seinen unmittelbaren Nachfolgern war der Adel kein rechtlich fixierter Stand, sondern eine Bevölkerungsoberschicht und als solche gänzlich dem Machtspruch des Herrschers unterworfen.

Hauptsächlich in zwei Bereichen erwies sich Katharina II. als Verfechterin aufgeklärter Ideen. Neben ihrer aktiven Kulturpolitik machte sie den Versuch, das Russische Reich neu zu organisieren und durch Ausbau der staatlichen und wirtschaftlichen Infrastruktur zu seiner Weiterentwicklung beizutragen. Die politischen Neuordnungsversuche[4], die Katharina II. auf der gegebenen sozialen Grundlage unternahm, folgten dem von der Aufklärung gewiesenen doppelten Gesichtspunkt, die Regulativkraft des Staates zu verstärken und zugleich das gesellschaftliche Potential zu aktivieren. Obwohl die Kaiserin nicht müde wurde, die Zugehörigkeit Rußlands zu Europa zu betonen, blieb ihr die anhaltende Rückständigkeit des Zarenreiches stets bewußt. Dementsprechend unmißverständlich war auch ihre aufklärerische Kritik an den russischen Zuständen unter Elisabeth (1741–1761) und Peter III. (1761–1762)[5]. Das Ziel, ihr Reich ungeachtet der für den größten Teil der Bevölkerung im Lande fortbestehenden Unfreiheit an die Spitze der europäischen Großmächte zu führen, suchte sie durch eine weit ausgreifende internationale Macht- und Wirtschaftspolitik zu erreichen. Der Umstand,

Kaiserin Elisabeth Petrowna, *Peter III., Herzog von*
Tochter Peters I. (1741–1761) *Holstein-Gottorf, Zar 1761/62*

daß sich die russische Außenpolitik nach 1774 in hohem Maße nach dem Süden verlagerte, machte die Formulierung neuer Konzepte notwendig. Bei dem expansiven Bestreben ihrer Regierung zeigte sich die Kaiserin dabei weit angriffslustiger als die meisten ihrer Berater, und sie war geneigt, auch gefährliche Risiken einzugehen.

Was Katharinas Personalpolitik betraf, so blieb diese von der langen Reihe ihrer Favoriten und Liebhaber nicht unbeeinflußt. Aber nur einmal ergaben sich in dieser Hinsicht Verstöße gegen die ungeschriebenen Regeln des Möglichen, als die Kaiserin ihrem wohl bedeutendsten Favoriten, dem »Taurier« Fürst Grigori Alexandrowitsch Potjomkin, im Süden des Reiches, in *Neurußland*, eine ungewöhnliche Machtfülle einräumte. Insgesamt jedoch verstand es die Monarchin geschickt, die Balance zwischen staatlichen Bedürfnissen und gutsherrlichen Belangen zu halten und in die Lokalverwaltung hinein zu verlängern.

Die Verknüpfung der Staatsverwaltung mit der Gutsherr-
schaft zeigte freilich folgenreiche Entwicklungen. Sie verhinderte, daß sich der Adel vom Staat emanzipieren konnte
und ein Dualismus zwischen Autokratie und adliger Gesellschaft entstand. Ebenso verhinderte sie die Emanzipation des
Staates von den Belangen und Privilegien der »wohlgebore-
nen« Untertanenklasse. Weiterhin bezahlte die autokratische
Staatsmacht die Verklammerung von Staatsverwaltung und
Sozialverfassung mit dem Verzicht, sich weitere Wege zur
Modernisierung der Verwaltung wie der Sozial- und Rechts-
verhältnisse zu erschließen. Mit der Konzentrierung der loka
len Macht in den Händen der Statthalter und Gouverneure
war wenig erreicht. Der Fortbestand der Leibeigenschaft war
gleichzusetzen mit der ungenügenden Effektivität der nie-

Grigori Alexandrowitsch Potjomkin.
Mitarbeiter und Favorit Katharinas II.
Medaille auf die Krimreise
der Kaiserin, 1787

deren Administration, was zu den Grundelementen dieses Systems gehörte.

Da Katharina II. das Rußland ihrer Zeit offensichtlich nicht für reif hielt, die Leibeigenschaft aufzuheben, schreckte sie letztlich vor der Befreiung des bäuerlichen Volkes zurück. Damit konnte die Monarchin auch der städtischen Bürgerschaft keinen ungehinderten Weg in die ständische Freiheit eröffnen. Die Ideen Adam Smiths im Rußland der Leibeigenschaft zum Tragen zu bringen, stellte ein kaum erfolgversprechendes Unterfangen dar, wie der Kaiserin wohl bewußt war. Zu den russischen Gegebenheiten gehörte, daß das Bewußtsein der Edelleute in den meisten Fällen nicht von der Aufklärung, sondern von den Erfahrungen und Formen des Dienstes in den Regimentern und Kanzleien, von den Sorgen und Nöten ihres nicht selten armseligen Daseins in der Provinz, von ihrer Rolle als Herren über leibeigene Steuerseelen und von der Konfrontation mit lokalen Machthabern geprägt war, die von »Naturrecht«, »guter Policey« und anderen aufgeklärten Prinzipien in der Regel keine Kunde hatten. Daß sich am Ende ihrer fast vierunddreißigjährigen Regierung die Herrschafts- und Sozialverhältnisse nur wenig verändert hatten, erklärt sich aus den restaurativen Tendenzen von Katharinas Politik, die sich bereits nach dem Pugatschow-Aufstand (1773–1775)[6] zeigten und insbesondere in den Jahren der Französischen Revolution dominierend wurden.

Trotzdem hat die Monarchin mit Erfolg die Freisetzung der »Stände« vom Staat eingeleitet. Adel und Bürgertum wurden von der Kaiserin endgültig ständischer Charakter und Standesrechte auch gegenüber der Krone verliehen. Wie die ständischen Ämter und Einrichtungen funktionierten, ist freilich noch immer ungenügend geklärt. Katharina II. jeden-

Russischer Bauer in landesüblicher Tracht.
Aus Weber, Die Russen, Innsbruck 1787

falls gebührt das Verdienst, mit ihren »Gnadenbriefen« für den Adel und die Städter von 1785 den Anstoß zur Klärung des Ständebegriffs in den russischen Sozialwissenschaften gegeben zu haben. Freilich hat sie nicht vermocht, jegliche Mißstände abzuschaffen und mit den Grundübeln der alten Ordnung aufzuräumen, sondern mit ihrer Sozialpolitik neue Barrieren aufgebaut, die einer weiteren Modernisierung von Staat und Gesellschaft in Rußland spürbar im Wege standen. Zu ihnen gehörte insbesondere die Verkettung von Reichsverwaltung und Sozialverfassung, aus der sich die Zurückgebliebenheit des Zarenreiches erklärte.

Erziehung
und Volksbildung

In enger Verbindung mit dem Versuch, das Land neu zu organisieren und durch Ausbau der staatlichen und wirtschaftlichen Infrastruktur zu modernisieren, stand die Kulturpolitik. Bis zum Beginn des 19. Jahrhunderts bildete Rußland ein aufnahmebereites Reich für Studenten und Professoren westlicher, insbesondere deutscher Universitäten, die während der Regierungszeit Katharinas II. im Schul- und Bildungswesen eine dominierende Rolle spielten. So haben deutsche Lehrmeinungen weitgehend das von der russischen Elite rezipierte Bildungsgut bestimmt. An der 1724/25 gegründeten St. Petersburger Akademie der Wissenschaften und der 1755 eröffneten Moskauer Universität herrschten bis in die siebziger Jahre des 18. Jahrhunderts die Lehren Christian Wolffs, Samuel Pufendorfs und der Kameralisten vor, während der Empirismus Bacons und die Ideen Lockes nur wenig Verbreitung fanden. Erst danach wurde die englische Nationalökonomie auch in Rußland bekannt. Bevorzugte ausländische Orte von Studenten aus dem Russischen Reich stellten zu dieser Zeit vor allem die deutschen Universitätsstädte Halle, Leipzig und Göttingen dar. Wie stark die deutsche Orientierung in Rußland ausgeprägt war, zeigte sich daran, daß ungeachtet des bei Hofe kultivierten

Iwan Iwanowitsch Bezkoi,
Kultur- und Bildungspolitiker unter Katharina II.
Stich von Nicolas Gabriel Dupuis nach einem
Gemälde von Alexander Roselin

französischen Kulturideals Dichter wie Dershawin, Fonwisin und Karamsin Deutsch als erste Fremdsprache erlernten und die Werke Gellerts, Klopstocks und Lessings sowie der »Stürmer und Dränger« zur Pflichtlektüre gehörten. Es waren die Kaiserin, führende Familien der politischen Elite in den beiden Hauptstädten, wie die Woronzows und die Panins, und zunehmend auch die hohen Bildungseinrichtungen, die Wissenschaft und Technologie, Buchdruck und Verlagswesen, Literatur, Theater, Mystik und bildende Künste, Architektur und Städtebau nach westlichem Vorbild förderten und eine wachsende Schicht von Gebildeten aller Stände protegierten.

Die von Katharina initiierten bildungspolitischen Reformen[7] vollzogen sich im Einklang mit den staatlichen und gesellschaftlichen Neuerungen. Wie sich zeigte, suchte die Herrscherin in den sechziger Jahren und zu Beginn der siebziger Jahre vornehmlich aus Frankreich und England stammende Erziehungsmethoden für Rußland fruchtbar zu machen. Sie beteiligte sich persönlich an der Diskussion von Fragen der Erziehung, Schule und Bildung, wie sie in Frankreich vor allem von Rousseau und in Deutschland von Basedow, Salzmann, Pestalozzi und anderen aufgeworfen wurden. So ist in zahlreichen Briefen der Zarin, z. B. an Friedrich Melchior Grimm und Denis Diderot, häufig von Schule und Erziehung die Rede. Der bedeutendste bildungspolitische Theoretiker und Praktiker in den ersten Jahren der Regierungszeit Katharinas war Iwan Iwanowitsch Bezkoi[8]. Ihm vertraute die Kaiserin die Ausführung ihrer Erziehungs- und Fürsorgeeinrichtungen an. Sie beauftragte ihn, der zugleich Direktor des Kadettenkorps und Leiter der Kommission für Bauwesen und anderer Bildungs- und Kunststätten war, mit der Ausarbeitung eines Reformprogramms. In Verwirlichung der ihm gestellten Aufgabe legte Bezkoi eine Sammlung der Weisungen und Verordnungen betreffend die Erziehung der adligen und bürgerlichen Jugend beiderlei Geschlechts in Rußland vor, die von der Kaiserin durch Ukas vom 12. März 1764 als allgemeinverbindlicher Erziehungsplan[9] bestätigt wurde.

Bei Bezkois Schulprojekt handelte es sich um einen bedeutsamen Schritt auf dem beschwerlichen Weg, den Monopolanspruch des Adels auf Bildung zu brechen und diese auf das gesamte Volk auszudehnen. Dieses Werk zu vollbringen erwies sich als weitaus schwieriger als die Gründung von Akademien, Universitäten und höheren Schulen. Das Hauptübel des bestehenden Zustandes lag nach Bezkois Meinung darin begründet, daß es bislang nicht gelungen war, der Masse des Volkes eine Bildung angedeihen zu lassen: »Solchergestalt hat Rußland bis auf den heutigen Tag noch keine solchen Bürger erschaffen können, die man anderswo den mittleren oder den dritten Stand nennet.«[10] Wie die fortschrittlichen Pädagogen seiner Zeit sah Bezkoi in der Erziehung die »Quelle alles Guten und Bösen«, das einzige Mittel, um durch sie »sozusagen eine neue Generation oder neue Väter und Mütter zu erschaffen«[11]. Ausgehend davon forderte er die Einrichtung von »Erziehungsschulen für Kinder beiderlei Geschlechts«, die mit 5 bzw. 6 Jahren in die Schule eintreten und dort bis zum 18. bzw. 20. Lebensjahr verbleiben sollten. Die von Bezkoi geforderte Schule sollte vor allem erziehen, wobei er den Internaten eine große Bedeutung beimaß: »Die ganze Zeit über dürfen sie [die Schüler] mit anderen nicht den geringsten Umgang haben, so daß auch selbst ihre nächsten Anverwandten sie zwar in gewissen Tagen besuchen können, aber nicht anders als in der Schule selbst und im Beisein ihrer Vorgesetzten.«[12]

Von den »Erziehungsanstalten«, wie Bezkoi die von ihm vorgeschlagenen Schulen nannte, »hängt die ganze Erziehung ab, die die erste neue Generation« erhalten soll. Bezkoi selbst setzte als Stifter solcher Schulen hohe Geldsummen für Erziehungsstipendien ein und schuf bei der Akademie der Künste ein Internat, in dem vor allem Findelkinder zu Künstlern ausgebildet werden sollten. Der Erziehung von Findelkindern und außerehelich geborenen Kindern, zu denen er selbst zählte, widmete Bezkoi überhaupt seine besondere Aufmerksamkeit. So verlangte er in seinem »Generalplan für das Moskauer Erziehungshaus«, daß niemand, der ein illegitim geborenes Kind dorthin brachte, verpflichtet sei, sich auszuweisen oder irgendwelche Auskünfte über das Kind zu geben. Die Kinder des Moskauer Erziehungshauses sollten auf Staatskosten versorgt, erzogen und ausgebildet werden. Bezkois Schulpläne wurden jedoch nur zum Teil verwirklicht.

Einen erneuten Aufschwung nahm die Diskussion um die Einrichtung von Schulen im Zusammenhang mit der Einberufung und der Tätigkeit von Katharinas »Gesetzbuch-Kommission« in den Jahren 1767 und 1768[13]. In ihrer »Instruktion« für die Arbeit dieser Kommission verwies die Kaiserin auch auf die Bedeutung von Erziehung und Bildung, wobei sie im wesentlichen mit den Auffassungen Bezkois übereinstimmte. Die Herrscherin verlangte die Einrichtung von drei hauptsächlichen Schultypen: von Elementarschulen, Gymnasien und Universitäten. Zu diesem Zweck ließ sie im April 1768, als die Gesetzbuch-Kommission ihre Arbeiten beendete, eine ständige »Unterkommission für Schulen und die der Fürsorge Bedürftigen« einrichten, die die Vorbereitungsar-

beiten zur Einrichtung der neuen Schulen und Fürsorgean-
stalten im einzelnen in die Wege leiten sollte.

Die Schulkommission legte mehrere Entwürfe vor, die sich
ausführlich vor allem mit der Schaffung von Elementarschulen befaßten, die in Gestalt von öffentlichen Dorf- und Stadtschulen ins Leben gerufen werden sollten. Es war vorgesehen,
den Unterricht in den Dorfschulen für alle Kinder männlichen Geschlechts zwischen 8 und 12 Jahren obligatorisch
zu machen. Mädchen wollte man nur mit ausdrücklicher
Zustimmung der Eltern zum Schulbesuch zulassen. Die
Dorfschulen gelte es dabei vor allem als Lese- und Schreib-
schulen für Bauernkinder nach dem Vorbild der in Preußen
und in Österreich bestehenden Elementarschulen anzulegen.
Als Aufsichtspersonen waren die Dorfgeistlichen vorgesehen, den Unterricht sollten Diakone oder, wo es solche nicht
gab, Küster erteilen. Nur in Ausnahmefällen durften auch
Laienlehrer unterrichten. Die Oberleitung der jeweiligen
Dorfschule oblag dem Gutsherrn, dem auch das Recht zustand, die Lehrer ein- und abzusetzen. Die Dorflehrer erhielten ihre Entlohnung in Naturalien. Etwa die gleichen Bestimmungen galten für die städtischen Elementarschulen. Hier
waren im Unterschied zu den Dorfschulen auch die Mädchen
vom 7. Lebensjahr an schulpflichtig, wobei sie nur lesen
lernten. Neben den Elementarschulen gedachte man in den
Städten, wo keine anderen höheren Schulen bestanden, auch
Mathematikschulen einzurichten.

An der Ausarbeitung der Schulpläne beteiligte sich neben
der Schulkommission auch die Akademie der Wissenschaften.
Gefordert wurde jetzt bereits die Schaffung einer zentralen
staatlichen Unterrichtsbehörde, der die Leitung und Aufsicht
über alle Schulangelegenheiten übertragen werden sollte.

Denis Diderot. Gemälde von
Dmitri Grigorjewitsch Lewizki

Katharina II.
Schabblatt von Charles Townley

Jedoch mit der Verwirklichung der vorgelegten Reformpläne und Entwürfe für die Einrichtung von neuen Schultypen ging es nur schleppend voran. Zahlreiche Empfehlungen konnten überhaupt nicht verwirklicht werden. Die Kaiserin und ihre Berater waren offensichtlich unschlüssig, an welchem Ende mit den vorgesehenen Reformmaßnahmen begonnen werden sollte.

In dieser Situation versuchte Kaiserin Katharina II. erneut, sich auch mit auswärtigen Sachverständigen ins Benehmen zu setzen, wie ihre Anfragen bei den Pariser Enzyklopädisten bezeugen, vor allem bei Diderot, der auch ihr Briefpartner war. Es gelang der Kaiserin, den berühmten Gelehrten 1773 zu einer Reise nach Rußland zu bewegen. Nach seiner Rückkehr sandte Diderot der Kaiserin von Rußland im Jahre 1775 den versprochenen »Plan einer Universität für die russische Regierung oder Projekt der Volksbildung in allen Wissenschaften«[14] ein. Der französische Gelehrte unterschied bei der Bildung der Menschen die Vermittlung von zweierlei Kenntnissen, von unerläßlichen und konventionellen. Die unerläßlichen nannte er ursprüngliche Kenntnisse, die alle Stände angingen. Jedoch nicht alle Stände »erfordern das gleiche Maß jener ursprünglichen oder elementaren Kenntnisse, die die lange Kette des vollständigen universitären Studiengangs ausmachen. Der Hausknecht oder der Tagelöhner braucht weniger als der Gewerbetreibende, dieser weniger als der Kaufmann, der Kaufmann weniger als der Offizier, der Offizier weniger als der hohe Beamte oder Kirchenmann, und alle zusammen brauchen weniger als der Staatsmann.« Das Ziel öffentlicher Schulen, wie sie in Rußland eingerichtet werden sollten, bestand nach Diderots Ansicht somit nicht darin, »einen in welchem Fach auch immer hochgelehrten Mann zu bilden, sondern ihn in eine Vielzahl von Kenntnissen einzuführen«.

Aber ungeachtet dessen, daß es nach Diderots Ansicht nicht darum gehen konnte, die Kinder von Adligen und Bauern in denselben Klassen zu unterrichten und der gleichen Zucht zu unterwerfen, an den gleichen Übungen zu bilden und zum Studium derselben Wissenschaften anzuhalten, erstrebte der französische Enzyklopädist die Integration der Volksbildung in das System des nationalen Bildungswesens. So dürfe kein Talent unentdeckt und ohne Förderung bleiben, und die Einrichtungen des öffentlichen Bildungswesens bis hin zur Universität müßten unterschiedslos den Kindern aus allen Klassen und Schichten des Volkes offenstehen. Diderot hoffte, mit seinem Plan Rußland zu einer Gesellschaft von »aufgeklärten und tugendhaften Bürgern« verhelfen zu können, und er unterbreitete Vorschläge, »auf welche Weise man ein Volk zum Bewußtsein der Freiheit und zum zivilisierten Zustand führen kann«[15]. In diesem Sinne richtete Diderot die Hauptaufmerksamkeit auf die Heranbildung einer wohlhabenden, selbstbewußten bürgerlichen Mittelklasse und die Einrichtung der hierfür notwendigen mittleren Lehranstalten. Dies war der Hauptgrund, weshalb Katharina II. Diderots Bildungsprojekt für Rußland in der Versenkung verschwinden ließ.

Die Mittelschulen oder mittleren und höheren Lehranstalten waren zu diesem Zeitpunkt in Rußland in mehreren Formen vertreten. In neuen Vorschlägen wurde die Empfehlung ausgesprochen, eine Vereinheitlichung der verschiedenen mittleren schulischen Einrichtungen anzustreben, so etwa die geistlichen Seminare aufzuheben und künftig sowohl Laien als auch Geistliche auf die Gymnasien zu schicken, um die dortigen leeren Klassenräume zu füllen. Dieser Vorschlag kam vor allem von der Schulkommission, die auch anregte, die großen Klosterräume in Gymnasialklassen umzuwandeln. Wie problematisch es um das Wirken der drei Gymnasien stand, über die Rußland verfügte, wird schon daraus ersichtlich, daß sich das 1759 zusätzlich eingerichtete Gymnasium zu Kasan als nicht lebensfähig erwies und 1785 wieder geschlossen werden mußte.

Was die Artillerie-, Ingenieur- und Kriegsschulen anging, so gab es auch bei diesen wenig Aufwärtsentwicklung. Zu einer sichtbaren Belebung kam es am Kadettenkorps in den Jahren 1765 bis 1773, als Bezkoi die Leitung der Anstalt innehatte. An den Bergschulen wirkten als Lehrkräfte zum Teil auch Mitglieder der Akademie der Wissenschaften, wodurch das wissenschaftliche Niveau der Ausbildung an diesen Fachschulen weiter erhöht werden konnte.

Ein Erziehungshaus von besonderer Prägung stellte das am 5. Mai 1764 gegründete Internat für die Töchter des Adels, das *Smolny-Institut*, dar. Schon Peter I. hatte für sein Land die Einrichtung einer gesonderten Frauenausbildungsstätte erwogen. Auch Kaiserin Katharina II. schwebte eine Frauenerziehungsanstalt nach dem Muster des seit 1686 bestehenden französischen Saint-Cyr-Internats vor, das sich in der Nähe von Versailles befand. Bezkoi erhielt den Auftrag, eine Institution einzurichten, in der 200 adlige Mädchen aufgenommen werden konnten. Er sah vier Altersklassen vor: für Sechs- bis Neunjährige, Neun- bis Zwölfjährige, Zwölf- bis Fünfzehnjährige und Fünfzehn- bis Achtzehnjährige. Seinen Erziehungsgrundsätzen gemäß verbot Bezkoi den Austritt aus der Schule vor Beendigung eines dreijährigen Kursus. In der ersten Klasse lernten die Mädchen Russisch und fremde Sprachen sowie Arithmetik, in der zweiten Klasse Geographie und Geschichte, in der dritten Klasse Literatur, Architektur und Heraldik. Die vierte Klasse diente praktischen Übungen. So wurden jüngere Schülerinnen auch durch ältere unterrichtet, um diese auf die künftigen Pflichten einer Mutter vorzubereiten. An der Anstalt waren zwölf Lehrerinnen tätig, die in der Mehrzahl aus dem Ausland stammten. Ihre Hauptaufgabe bestand darin, die weiblichen Zöglinge an jede Art von Konversation zu gewöhnen und in ihnen Neigungen für Kultur und Kunst zu entwickeln. Diesem Ziel dienten auch Konzerte und Theaterveranstaltungen, die von den Schülerinnen selbst aufgeführt wurden.

Bereits ein Jahr nach seiner Gründung, am 31. Januar 1765, erhielt das Smolny-Institut auch eine bürgerliche Abteilung, d. h. das Recht, 240 Mädchen bürgerlicher Herkunft aufzunehmen, die für eine Ausbildung ausgewählt worden waren.

Jekaterina Chowanskaja und Jekaterina Chrustschowa, 1773.
Gemälde aus der Bilderfolge »Smoljanki«, die aus sieben Bildnissen
von Schülerinnen des Smolny-Institutes besteht,
von Dmitri Grigorjewirtsch Lewizki

Die Klasseneinteilung für die Bürgertöchter war dieselbe wie die für die adligen Mädchen. Jedoch lagen die Anforderungen des Lehrplans für die bürgerlichen Mädchen etwas niedriger. Das Smolny-Institut als Anstalt für Frauenbildung bot erstmals adligen und bürgerlichen Mädchen in Rußland Zugang zu einer höheren Bildung. Die erste höhere Mädchenschule Rußlands stand unter dem besonderen Protektorat der Kaiserin Katharina II. Im Smolny-Institut, das bis 1917 bestand, wurden zahlreiche Generationen »hochwohlgeborener« und bürgerlicher Töchter erzogen und ausgebildet.

Während des *Ersten Türkenkrieges* von 1768 bis 1774 ließ die Kaiserin in Griechenland Knaben anwerben, die auf Kosten der russischen Regierung an italienischen Schulen eine Ausbildung erhielten. Nach dem Friedensschluß mit der Türkei, am 17. April 1775, ordnete die Herrscherin an, in Rußland ein gesondertes Gymnasium einzurichten, in dem griechische Zöglinge im Alter von 12 bis 16 Jahren unterrichtet werden sollten. Am *Griechischen Gymnasium*, wie es genannt wurde, unterwies man die Schüler in Arithmetik, Algebra, Geometrie, Geographie, Geschichte und Zeichnen sowie in Russisch, Deutsch, Französisch, Italienisch, Türkisch und Griechisch. Nach Absolvierung des Gymnasiums konnten die Schüler verschiedene Fachschulen besuchen, so das *Marine-* und das *Artillerie-Kadettenkorps* sowie das Gymnasium an der Akademie der Wissenschaften. Das Wirken des Griechischen Gymnasiums in Rußland stand in Zusammenhang mit dem »Griechischen Projekt« in der orientalischen Politik der Zarin, das auf die Aufteilung der Türkei und die Errichtung eines separaten dakogriechischen Kaiserreiches unter der Oberhoheit Rußlands abzielte.

Anfang der achtziger Jahre gelang es Katharina II. und der Schulkommission, auf dem Wege zur Einrichtung einer mehrstufigen Volksschule in Rußland einen beträchtlichen Schritt voranzukommen. Da die Kaiserin sich den Vorschlägen, die ihr Diderot unterbreitet hatte, nicht anzuschließen vermochte, suchte sie jetzt in dieser Frage um Unterstützung in Österreich nach, wo unter Maria Theresia und Joseph II. das Schulwesen neu geordnet und der Aufbau eines modernen Volksschulwesens, namentlich auch für die nichtdeutschen Völker der Donaumonarchie, erfolgt war.

Die Anregung zur Nutzung des österreichischen Vorbilds bei der Neuordnung des Schulwesens in Rußland ging von dem Akademiemitglied, dem Astronomen und Physiker Franz Ulrich Theodor Aepinus, aus, der im Auftrag der Kaiserin seine »Bestimmungen der Gesichtspunkte, aus welchen ein Nationalschulplan angesehen werden muß«[16] vorlegte. Aepinus entwickelte den Grundgedanken, daß die Wohlfahrt eines Staates auf der Qualität seiner Schulen beruhe und diese wiederum von der Qualität des Lehrstoffs und der angewandten Unterrichtsmethode abhängig sei. Den Unterrichtsstoff bestimme die Zielsetzung, die die Schule verfolge, die Methodik gehöre in die Hand von Fachleuten, die davon etwas verstünden. In diesem Zusammenhang riet Aepinus der russischen Herrscherin, »von des Römischen Kaisers Majestät so viele Lehrer und Personen, als zu den 3 oder 4 zu errichtenden Normalschulen erfordern würden zu verlangen«. Dabei wies er ausdrücklich darauf hin, daß »von dem Wienerschen Schulplan bloß die Hauptsache (die Idee, durch Hilfe von Normalschulen die Errichtung einer ansehnlichen Zahl guter Schulen und deren Erhaltung in einem guten Zustande möglich machen) zum Grunde gelegt, alles übrige aber, Ihro Kaiserlichen Majestät Willen gemäß, einer sorgfältigen Prüfung unterworfen und nicht blindlings angenommen würde«[17].

Die in Österreich zum selben Zeitpunkt gültige Schulordnung war im Jahre 1774 von dem schlesischen Schulreformer Johann Ignaz Felbiger entworfen worden. Ihr Kernstück bildeten die Normalschulen in den Städten und die Trivialschulen auf dem Lande. Aepinus hielt die Grundprinzipien der »Allgemeinen Schulordnung« Felbigers für Rußland geeignet und wollte mit ihrer Hilfe auch das elementare Bildungswesen im Zarenreich verbessern. Er schlug vor, nach dem österreichischen Vorbild ungesäumt mit der Einrichtung von Normalschulen, vielleicht in Petersburg, Moskau, Kasan und Kiew, zu beginnen. Zu Beginn des Jahres 1782 bat die Zarin den deutschen Kaiser Joseph II. offiziell um Entsendung von geeigneten Schulmännern, möglichst um Serben, die sich der russischen Schulreform annehmen sollten.

Joseph II. übertrug die Regelung dieser Angelegenheit Felbiger, der den orthodoxen Serben Theodor Jankowitsch[18] für diese Tätigkeit empfahl. Jankowitsch galt zu diesem Zeitpunkt in Österreich als einer der besten Schulmänner. Er machte sich noch im Frühjahr 1782 an die Abfassung eines Projekts für die Einrichtung von Volksschulen in Rußland. Jankowitschs Plan, der die Schulreform von 1782 einleitete, stützte sich in allen Grundsatz- und Detailfragen auf die österreichischen Erfahrungen. Unmittelbar nach seiner Ankunft in St. Petersburg erließ die russische Kaiserin am 7. September 1782 ein Dekret, mit dem sie eine Kommission zur Einrichtung von Lehranstalten einsetzte und die Grundprinzipien der bevorstehenden Schulreform erläuterte. Jankowitsch gehörte der Kommission nicht als Mitglied an, sondern fungierte lediglich als deren Berater. Nichtsdestoweniger fiel die Hauptlast der Arbeiten auf ihn. Jankowitsch hatte drei schulische Haupttypen vorgeschlagen: die niedere, mittlere und höhere Schule:

»Eine niedere Schule besteht bloß aus der ersten und der zweiten Klasse; in einer mittleren kommt noch die dritte und in einer höheren Schule noch die vierte Klasse hinzu. Es wird ohne Unterschied der Schulen gelehrt: in der ersten und in der zweiten Klasse Buchstabenkenntnis, Buchstabieren, Lesen in dem ABC-Buch, in dem Katechismus, in dem zum Lesen bestimmten Buche (von den Pflichten des Menschen und des Bürgers) und in den Regeln für die Lernenden, Schreiben, Rechnen, Rechtschreibung. Unterricht in der dritten Klasse: der größere Katechismus, die biblische Geschichte, die christliche Sittenlehre, die Evangelien mit Auslegungen, Fortsetzung des zum Lesen bestimmten Buches, Fortsetzung der Anweisung zur Rechtschreibung, Diktieren, Fortsetzung der Rechenkunst, Sprachlehre, kurzer Begriff der Geschichte, kurzer Begriff der Geographie; und in der vierten Klasse: Zierlichschreiben, schriftliche Aufsätze, Rechenkunst, Geometrie, Architektur, Mechanik, Physik, Naturhistorie, Geographie, politische Historie, Zeichnen, ausländische Sprachen und Fortsetzung des Katechismus mit Beweisen aus der heiligen Schrift.« Das Hauptanliegen der neuen schulischen Einrichtungen faßte die Kommission in den Sätzen zusammen: »Glücklich zu werden, ist der Endzweck eines jeden Menschen. Dazu sind aber Erziehung und Unterricht nötig.«[19]

Jankowitsch und die Schuleinrichtungskommission entwickelten bereits im Jahre 1782 eine beachtliche Aktivität. Als zeitaufwendig erwiesen sich vor allem die Übersetzung öster reichischer Schulbücher ins Russische sowie die Abfassung und Zusammenstellung eigener Lehrbücher. Auch die Heranbildung von geeigneten Lehrern ließ sich nicht so leicht bewältigen.

Wie die Kaiserin in ihrem Ukas vom 29. August 1783 feststellen konnte, hatte die von ihr eingesetzte Schulkommission »ihre Bemühungen mit glücklichem Erfolge fortgesetzt und schon wirklich einige russische öffentliche Schulen nebst einer Hauptschule errichtet«[20]. Jankowitschs Bemühungen um die Einrichtung von Volksschulen in Rußland zeitigten somit bereits sichtbare Erfolge. Jedoch die Fähigkeiten Jankowitschs und die Begeisterung der am schulischen Reformwerk unmittelbar Beteiligten vermochten die noch immer ungenügenden gesetzlichen und materiellen Grundlagen des neuen Volksschulwesens in Rußland nicht zu ersetzen. Aus diesem Grunde beauftragte Katharina II. die Schulkommission mit der Abfassung eines detaillierten Programms für die Ausbreitung des Normalschulwesens im gesamten Zarenreich. Dieser Aufgabe unterzog sich wiederum Jankowitsch, der am 10. Februar 1786 der Kommission das »Statut für die Volksschulen« vorlegte, das noch im August desselben Jahres von Kaiserin Katharina II. bestätigt wurde.

Die *Volksschulverordnung von 1786*, wie sie genannt wird, brachte wichtige Neuerungen. Sie löste sich erkennbar vom österreichischen Vorbild und suchte den in Rußland bestehenden Gesellschaftsverhältnissen stärker Rechnung zu tragen. Das neue Volksschulstatut behandelte in neun Kapiteln die verschiedenen Schultypen, die Pflichten der Lehrer und der Schüler, die Befugnisse des Kurators, des Direktors und des Inspektors sowie die Aufgaben der Oberschuldirektion.

Straßenszene in einer russischen Stadt.
Stich von Friedrich Christian Geißler, um 1804

Die wichtigste Neuerung war die Beschränkung auf zwei
Schultypen, auf die *höhere Volksschule* und auf die *niedere
Volksschule*. Höhere Volksschulen sollten in den größeren
Städten der Gouvernements, niedere Volksschulen in den
Städten der Bezirke und Kreise eingerichtet werden. Durch
die gesetzliche Beschränkung auf die Städte und größeren
Siedlungen blieb die Dorfbevölkerung von der Schulreform
weitgehend ausgeschlossen, d. h. die Dörfer erhielten in den
meisten Fällen keine eigenen Volksschulen. Es nutzte daher
wenig, wenn man in der Volksschulverordnung von 1786
allen Untertanen des Russischen Reiches freistellte, ihre Kinder in die Volksschulen der Städte und größeren Ortschaften

zu schicken. Das Statut sah auch keinen obligatorischen Unterricht vor und brachte für das Zarenreich somit nicht die Schulpflicht. Im Lehrplan war festgelegt, an den höheren Volksschulen den Unterricht in vier Klassen, an den niederen Volksschulen in zwei Klassen zu erteilen. Der Unterrichtsstoff entsprach den Anforderungen, die bereits im Elementarschulgesetz von 1782 festgelegt waren.

Ungeachtet der Halbheiten des Volksschulgesetzes von 1786 und des Umstands, daß es an Geld und Lehrbüchern, an Lehrern und lange Zeit auch noch an Schülern fehlte, wurde durch die neue Verordnung der Grundstein für ein modernes Volksschulwesen in Rußland gelegt. Die Volksschulbestrebungen Katharinas II. erwiesen sich als viel weitreichender als die Peters I. im Ziffernschulexperiment. Die Zahl der Volksschulen im Russischen Reich nahm beständig zu. Nach der Sozialstatistik gehörten die Volksschüler in den achtziger und neunziger Jahren folgenden Ständen, Gesellschafts- und Berufsgruppen an: den Stadtbürgern 14 Prozent, den Kaufleuten 12 Prozent, den Militärs 11 Prozent, den Leibeigenen und unfreien Gesindeleuten 11 Prozent, den Beamten und nichtadligen Bediensteten 8 Prozent, den freien Bauern und Einhöfern 5 Prozent, den Kosaken und Ausländern 4 Prozent und dem Klerus 2 Prozent.

Aus diesen Angaben wird ersichtlich, daß die Schulreform der Jahre 1782 bis 1786 eine beachtliche Breitenwirkung erzielte und einen ersten Schritt zur Aufklärung und Bildung der Bevölkerung des Russischen Reiches darstellte. Ein besonderes Kennzeichen der Schulreform war der Ausschluß des Klerus von der Organisation des Schulwesens. Die einzige Konzession, die der orthodoxen Kirche gemacht wurde, bestand darin, daß die Religionsbücher vom Nowgoroder

Kaiserin Katharina II. Alexejewna (1762–1796), geborene Prinzessin von Anhalt-Zerbst, Gemah-
Peters III. Als Repräsentantin des aufgeklärten Absolutismus, wenn auch in einer sehr indivi-
llen Form, korrespondierte sie mit führenden Denkern Europas. Ihre expansive Außenpolitik ließ
ßland zur europäischen Großmacht aufsteigen.

2 Reisekutsche Katharinas II., 1769 in England hergestellt. Staatliche Museen des Moskauer Krem
Rüstkammer

3 Der alte Zarenpalast im Moskauer Kreml. Stich von Geißler, um 1804

Schloß Peterhof, als Sommersitz des Zaren 1714 bis 1728 erbaut und 1747 bis 1752 vollendet.

Der Landsitz Zarskoje Selo (heute Puschkin) gelangte 1710 in den Besitz Katharinas I. Schloß und
Catharinenpark entstanden Mitte des 18. Jahrhunderts. Aus Johann Richter (Hrsg.), »Ansichten von
Petersburg und Moskau«, Leipzig 1804

6 Gebäude der Kaiserlichen Akademie der Wissenschaften in St. Petersburg.

15 Johann Richter (Hrsg.), »Ansichten von St. Petersburg und Moskau«, Leipzig 1804

7 Im Inneren einer Bauernhütte. Stich von Geißler, um 1804

8 Marktverkauf von gefrorenem Fleisch. Stich von Geißler, um 1804

Pawel Nikolajewitsch Demidow. Er gehörte zu einer der ersten Industriellenfamilien Rußlands. Gemälde von Dmitri Grigorjewitsch Lewizki, 1773. Staatliche Tretjakow-Galerie, Moskau

10 Eisberge auf der Newa. Volksfest in der Butterwoche. Stich von Geißler, um 1804

11 Jahrmarkt mit Volksbelustigung. Stich von Geißler, um 1804

Metropoliten genehmigt werden mußten. Ihre Verfasser waren jedoch weltliche Autoren. Die im Jahre 1782 berufene Schulkommission wurde 1802 durch die Hauptschuldirektion abgelöst, die die Keimzelle des ersten russischen Ministeriums für Volksbildung (Volksaufklärung) darstellte, das im Jahre 1804 eine erneute Reform des russischen Bildungswesens einleitete.

Die Universität
Moskau

Einen zentralen Platz im Bildungswesen und Wissen-schaftsgefüge des Russischen Reiches nahm neben der seit 1724/25 bestehenden Petersburger Akademie der Wissen-schaften die am 12. Januar 1755 auf Initiative des Grafen Iwan Iwanowitsch Schuwalow gegründete *Universität Moskau*[21] ein. Ein besonderes Verdienst bei der Eröffnung der ersten Hochschule des Zarenreiches kam ebenso Michail Wassilje-witsch Lomonossow zu, der an der Akademie der Wissen-schaften zu St. Petersburg[22] wirkte. Der zehn Jahre nach Eröffnung der hohen Moskauer Bildungsstätte und Wissen-schaftsanstalt verstorbene Polyhistor hat die Kultur und Wis-senschaft Rußlands durch hervorragende Entdeckungen bereichert. Zum ersten Mal besaß Rußland in ihm einen Uni-versalgelehrten, der die modernen Erkenntnisse vor allem naturwissenschaftlicher Erfahrungen und Forschungen in den weiten Rahmen einer gemeinsamen Arbeit aller Wissen-schaften zu spannen bemüht war. Lomonossow stieg durch eigene Kraft aus dem Volk zum führenden Wissenschaftler auf. Wie Alexander Puschkin später bemerkt hat, schuf er nicht nur »die erste Universität, sondern er war, besser gesagt, unsere erste Universität«[23]. Seine Grundidee, die er in seinem kurzen Universitätsprojekt entwickelte, ging davon aus, daß

die »Universität allen künftigen Geschlechtern dienen«
müsse. Zusammen mit der Petersburger Akademie der Wissenschaften wurde die Moskauer Universität zur führenden
nationalen Pflegestätte von Wissenschaft und Kultur Rußlands. Moskau war auch nach dem Bau der neuen Metropole
St. Petersburg die größte Stadt des Russischen Reiches geblie-
ben und hatte seine frühere Bedeutung keineswegs verloren.
In Moskau gab es eine große Anzahl Manufakturen, Fabriken
und Handwerksbetriebe, und die Stadt bildete den Mittelpunkt für Handel und Gewerbe, deren Repräsentanten sich
auch bei der Schaffung von Bildungseinrichtungen und Schulen nennenswerte Verdienste erwarben.

Angesichts dessen, daß sich die zur Petersburger Akademie
der Wissenschaften gehörende Universität nicht als lebensfähig erwiesen hatte, stellte die am 16. April 1755 in Moskau
eröffnete Universität[24] von Anfang an die eigentliche und
somit erste Universität Rußlands dar. Sie bestand aus der Philosophischen, Juristischen und Medizinischen Fakultät mit
insgesamt zehn Lehrstühlen, so für Philosophie, Rhetorik,
Geschichte, Physik, Allgemeines Recht, Russisches Recht,
Politik, Chemie, Naturgeschichte und Medizin. Am besten
dotiert war die Philosophische Fakultät. Sie besaß allein vier
Lehrstühle und hatte nach dem Beispiel der älteren Universitäten Europas auch die Grundausbildung für die Studierenden der anderen Fakultäten durchzuführen.

Gleichzeitig wurde das von Lomonossow geforderte
Gymnasium an der Universität eingerichtet. Es gliederte sich
in zwei Abteilungen: in das Gymnasium für den Adel und in
das Gymnasium für die übrigen Stände. Im Adelsgymnasium
wurden vorrangig die klassischen Fächer, im bürgerlichen
Gymnasium die Künste und technischen Disziplinen gelehrt.

Michail Wassiljewitsch Lomonossow.
Stich von Nikolai Iwanowitsch Utkin nach dem Gemälde
eines unbekannten Künstlers des 18. Jahrhunderts

1758 richtete man auch in Kasan ein zweigliedriges Gymnasium ein, das auf derselben Grundlage beruhte. Nach den Unterrichtsplänen wurden am Moskauer Universitätsgymnasium gelehrt: Humaniora, Philosophie, lateinische, griechische, russische, deutsche, französische, italienische und tatarische Sprache, Historie, Geographie, Mathematik, Baukunst, Fortifikation, Artilleriewesen, Algebra, Zeichnen und Malen, Musik, Fechten, Tanzen, Lesen und Schreiben. Laut Lehrplan von 1777/78 unterrichteten am Gymnasium 35 und nach den Angaben von 1782/83 41 Lehrer, von denen einige gleichzeitig an der Universität wirkten. Dieselben Fächer wurden an der Erziehungsanstalt für Adlige gelehrt, die ebenfalls zur Universität gehörte. Das adlige Erziehungsinstitut war eine vom Gymnasium getrennte Universitätseinrichtung, obwohl an ihr Lehrkräfte unterrichteten, die auch am Gymnasium tätig waren. Der Lehrkörper der Erziehungsanstalt für Adlige war kleiner als der des Gymnasiums und umfaßte einen Stamm von 16 Pädagogen.

Daß die Universität Moskau wie auch die nachfolgenden anderen russischen Universitäten keine Theologische Fakultät erhielten, zeigt die fortschreitende Entwicklung eines säkularen Bildungswesens sowie die zunehmende Kluft zwischen weltlicher und geistlicher Bildung, erklärt sich aber auch daraus, daß für die theologische Ausbildung bereits Hochschulen in Gestalt der beiden geistlichen Akademien in Kiew und Moskau existierten. Der Verbindung mit den profanen Wissenschaften an einer staatlichen Universität widerstrebten in höchstem Maße auch die geistlichen Hochschulen und ihre Obrigkeiten selbst. In den alten Akademien des Klerus dominierte noch in hohem Maße scholastisches Denken. Der neue Geist der Wissenschaft wurde hier nicht selten als ein gefährlicher Nebenbuhler betrachtet, und man stellte sich oft genug den Fortschritten der Wissenschaft in den Weg. So war keine rechte Verbindung der alten geistlichen Hochschulen mit der neuen Moskauer Universität denkbar.

Zu Anfang der Tätigkeit der Universität Moskau gab es Schwierigkeiten bei der Besetzung der vorgesehenen Lehrstühle mit geeigneten einheimischen Professoren. Demgemäß wirkten in den ersten Jahren an der Universität vor allem deutsche Gelehrte, die von Johann Christoph Gottsched[25], dem bekannten Leipziger Literaten, und dem Akademiemitglied Gerhard Friedrich Müller vermittelt wurden. Auf Empfehlung Gottscheds übernahmen auch dessen Schüler Johann Gottfried Reichel und Christian Gottfried Köllner Professuren.

Neben deutschen Gelehrten waren auch französische, italienische und griechische Wissenschaftler dem Ruf an die neue Universität Moskau gefolgt. Mit dem Regierungsantritt Katharinas II. im Jahre 1762 nahm die Zahl der russischen Universitätsprofessoren rasch zu. Mehrere von ihnen hatten ihre Ausbildung bereits an der jungen Hochschule genossen. Zu den ehemaligen Studenten gehörten der Rechtswissenschaftler Semjon Jefimowitsch Desnizki, der Schriftsteller und Übersetzer Wladimir Trofimowitsch Solotnizki, der Ökonom und Rechtswissenschaftler Iwan Andrejewitsch Tretjakow, der Mathematiker und Philosoph Dmitri Sergejewitsch Anitschkow, der Direktor der Akademie der Wissenschaften Sergei Gerassimowitsch Domaschnew, der Naturforscher und Agronom Matwei Iwanowitsch Afonin, der Übersetzer und Rektor der Universität Moskau Chariton Andrejewitsch Tschebotarjew, der Schriftsteller und Präses des Reichsrats Iwan Wladimirowitsch Lopuchin, ebenso der

Schriftsteller Denis Iwanowitsch Fonwisin, die Architekten Wassili Iwanowitsch Bashenow und Iwan Jegorowitsch Starow, der Historiker, Schriftsteller und Folklorist Michail Dmitrijewitsch Tschulkow und andere.

Welchen Umfang der Stab der Professoren und der anderen Universitätslehrer in den siebziger Jahren und Anfang der achtziger Jahre aufwies, geht aus den Vorlesungsankündigungen dieses Zeitraums hervor. Zu den Gelehrten, die von Kathedern der Moskauer Universität herab (außer den eben genannten) die akademische Jugend Rußlands mit wissenschaftlichen Erkenntnissen auszurüsten suchten, gehörten auch Nikolai Nikitisch Popowski und Semjon Gerassimowitsch Sybelin. Einen besonderen Platz als Vertreter der Rechts- und Wirtschaftswissenschaften nahmen Desnizki und Tretjakow[26] ein, die an der schottischen Universität Glasgow studiert und bei Adam Smith gehört hatten.

Die Professuren der Jurisprudenz an der Moskauer Universität wurden zuerst mit Gelehrten besetzt, die aus Deutschland gekommen waren. Sie hielten sich in der Hauptsache an die Theorie der Naturrechtler. So nahmen zu dem Zeitpunkt, als Semjon Jefimowitsch Desnizki seine Arbeit an der Universität begann, auf dem von ihm vertretenen Fachgebiet die Lehren von Samuel Pufendorf und Christian Wolff den ersten Platz ein. Desnizki selbst hielt nicht allzuviel von den Theorien der Naturrechtler und polemisierte in seinen Vorlesungen gern gegen Pufendorf. Desnizkis Idealbild eines Juristen bestand in einem Gelehrten, der Rechtswissenschaftler, Historiker und Soziologe zugleich war. Mit besonderer Klarheit kamen Desnizkis Gesellschaftsauffassungen in seiner »Denkschrift über die Einsetzung einer gesetzgebenden und strafenden Gewalt im Russischen Kaiserreich« zum

*Das erste Gebäude der Moskauer Universität
auf dem Roten Platz*

Ausdruck, die er 1768 vorlegte. Bei diesem Werk handelte es sich um den ersten Verfassungsentwurf der russischen Geschichte.

Hatte sich Desnizki in seiner Denkschrift noch über die in Rußland bestehende Leibeigenschaft ausgeschwiegen, so trat er in seinen Arbeiten, die er in den achtziger Jahren verfaßte, erkennbar für die Aufhebung der bäuerlichen Knechtschaft ein, wobei er auf das Vorbild der englischen Agrarentwicklung hinwies. Freilich waren Desnizkis Ansichten nicht frei von Widersprüchen. In dieser Hinsicht gehörte er zu jenen Denkern, die alle Hoffnungen im Hinblick auf eine Verbesserung der gesellschaftlichen Zustände auf die aufgeklärte Monarchin Katharina II. setzten. So finden sich bei Desnizki Versuche einer theoretischen Rechtfertigung der zarischen Autokratie gleichrangig neben der Propagierung von Formen und Möglichkeiten eines konstitutionellen Regimes in Rußland.

Als humanistischer Denker forderte Desnizki auch die Gleichberechtigung für alle im Russischen Reich vereinigten Völker und ebenso die gesellschaftliche Gleichstellung von Mann und Frau. Das waren für die damalige Zeit zweifellos recht weitreichende Gedanken.

Ähnliche Auffassungen vertrat Desnizkis Fachkollege, der Soziologe, Ökonom und Rechtswissenschaftler Professor Iwan Andrejewitsch Tretjakow. Angeregt von Adam Smiths Glasgower Vorlesungen trat Tretjakow bereits 1772, d. h. vier Jahre vor Erscheinen von Smiths epochemachender »Untersuchung über das Wesen und die Ursachen des Reichtums der Nationen«, mit seinem Buch »Betrachtungen über die Ursachen des Überflusses und der allmählichen Bereicherung des Staates sowohl bei den alten als auch den heutigen Völkern«

hervor. Wie Smith erkannte auch der russische Universitäts-
professor Tretjakow in der Arbeit die Grundlage und die
Quelle aller gesellschaftlichen Güter und Reichtümer der
Völker.

Auch bei der Erörterung einer solchen Kardinalfrage, wie
sie das Problem der Leibeigenschaft darstellte, gab es für die
Denker der damaligen Zeit kein Ausweichen. Hier schieden
sich die Geister, und die Meinungen prallten hart aufeinan-
der. Was die Moskauer Universität anbelangte, so erhob sich
bereits seit den sechziger Jahren immer lauter die Frage, welchen Weg die neue Hohe Schule künftig einschlagen solle.
Desnizki, Tretjakow und andere Professoren weckten mit
ihren Werken beim russischen Volk neue Hoffnungen auf
eine Besserung der gesellschaftlichen Zustände, wie sie im
Zarenreich bestanden. Zu denen, die sich hierbei als Naturwissenschaftler an der Universität besondere Verdienste
erwarben, gehörten die Gelehrten Brjanzew, Sybelin, Weniaminow, Politkowski, Keresturi, Afonin, Strachow und
Arschenewski.

Andrei Michailowitsch Brjanzew, ein Schüler Anitsch-
kows, trat besonders auf dem Gebiet der Erforschung der
Atom- und Molekulartheorie hervor. Die Entwicklung der
Medizinischen Wissenschaften an der Universität Moskau
wurde mit Nachdruck gefördert von dem dortigen ersten russischen Professor der Chemie und der praktischen Arzneige-
lehrsamkeit, Semjon Gerassimowitsch Sybelin. Sybelin, der
in russischer Sprache lehrte, wirkte insgesamt 40 Jahre lang
an der Universität. Er war nicht nur bei seinen Studenten
beliebt, sondern wurde ebenso in den Armenvierteln Moskaus geschätzt, wo er als Arzt Kranke kostenlos behandelte.
Pjotr Dmitrijewitsch Weniaminow war der erste russische

Botanikprofessor, der an der Universität Moskau lehrte. Fjo-
dor Gerassimowitsch Politkowski, ein Schüler Sybelins,
machte sich als Vertreter der Naturgeschichte um die Ein-
richtung der Universitätsmuseen und der mineralogischen
Kabinette verdient. Mit dem Wirken von Professor Franz
Franzewitsch Keresturi verbindet sich vor allem die Entwicklung der Anatomie. Ein bedeutender Bodenkundler war
Matwei Iwannowitsch Afonin. Er kam aus der Schule von
Linné und hatte seine Ausbildung in der Schweiz genossen.
Afonin legte in seiner Arbeit mit den Studenten großen Wert
auf eine enge Verbindung von Theorie und Praxis. Besondere
Verdienste erwarb sich der Gelehrte bei der Entwicklung der
russischen Forstwissenschaft. Großen Zulauf hatte auch der
russische Physiker Professor Pjotr Iwanowitsch Strachow,
der im Jahre 1789 seine Tätigkeit an der Universität aufnahm.
Strachows Vorliebe galt der Meteorologie. Auch das Amt des
Rektors übte er aus. Als Korrespondierendes Mitglied der
Akademie der Wissenschaften arbeitete er eng mit den Petersburger Gelehrten zusammen. Als Mathematikprofessor der
Universität wirkte Wassili Kontratjewitsch Arschenewski,
der 1788 sein Amt antrat. Er verband seine Lehrveranstaltun-
gen über höhere Mathematik mit Erörterungen über Schiff-
fahrtswesen, Astronomie, Kriegstechnik und andere technische Wissenschaften. Von großer Wichtigkeit wurde auch
Arschenewskis Wirken auf dem Gebiet der Integral- und
Differentialrechnung, wobei er in starkem Maße auf Leonhard Euler, Abraham Gotthelf Kästner und Anton Alexejewitsch Barsow zurückgriff, dessen »Neue Algebra« er 1797
herausgab.

Die neue Universität Moskau bildete bereits in den ersten
Jahrzehnten ihres Bestehens ein erstrangiges Zentrum für

Wissenschaft und Bildung. Schon in dieser Zeit nahm die Zahl der Studierenden, die aus nichtadligen Volksschichten kamen, in bedeutendem Maße zu. So befanden sich unter 48 Studenten des Jahres 1764 nur 8 Adlige. Von den genannten 40 Studenten waren 19 Söhne von Soldaten, 6 von niederen Geistlichen, 3 von Kanzlisten, 2 von Lehrern und 1 Leibeigener. 1765 zählten von 55 Studierenden nur 10 zur Adelsklasse. Auch in den darauffolgenden Jahren füllten immer mehr nichtadlige Studenten die Auditorien.

Die Studentenzahl der Universität Moskau – von 1765 bis 1775 studierten hier etwa 300 Studenten – übertraf schon in den ersten Jahren ihres Bestands die der Petersburger Universität. Im Unterschied zu dieser zeigte sich die neue Universität aufgeschlossener. Dies führte dazu, daß in Einzelfällen sogar Leibeigene und andere Angehörige aus der kopfsteuerpflichtigen Bevölkerung eine akademische Ausbildung erwerben konnten. Im Unterschied zum Reglement der Petersburger Akademischen Universität ließ das Gründungsstatut der Universität Moskau diese Möglichkeit, wenn auch unter verklausulierten Bedingungen, zu.

Besondere Bedeutung für die Verbreitung fortschrittlicher Ideen und Gesellschaftslehren erlangten die Übersetzungen englischer, französischer und deutscher Schriften, die von Studenten und Wissenschaftlern der Universität Moskau durchgeführt und in der Universitätstypographie gedruckt wurden. Wichtig für die Verbreitung sozialwissenschaftlicher Kenntnisse waren die Übersetzungen englischer Werke, z. B. solcher von Thomas Hobbes, nahm doch dieser Denker bereits im 17. Jahrhundert recht eingehend zu den Fragen von Gesellschaft und Staat Stellung. Als Hobbes-Übersetzer bestätigte sich der Moskauer Student Semjon Nikoforowitsch Wenizejew, unterstützt von anderen Kommilitonen. Wenizejew war der Sohn eines unbemittelten Artillerieoffiziers. Er trat 1756 in das Universitätsgymnasium ein und wurde 1762 in die Studentenschaft der Universität übernommen. 1767 arbeitete er bereits in der Gesetzbuch-Kommission Katharinas II. Nach dem Zeugnis Nowikows betätigte sich der Student Wenizejew auch als Poet. So verfaßte er Gedichte, die freilich nicht gedruckt wurden. Seine Übersetzung von Hobbes' Schrift »Vom Bürger«, die 1756 in Moskau und Petersburg erschien, gestaltete sich jedoch zu einem Ereignis im Geistesleben der beiden Hauptstädte.

Ein besonderer Rang kam den Bemühungen zu, Teile der großen »Encyclopédie« ins Russische zu übersetzen. Die Arbeiten wurden an der Moskauer Universität im Jahre 1767 aufgenommen, d. h. zu dem Zeitpunkt, als in der Stadt die Große Kommission Katharinas II. tagte, der aufgetragen war, ein neues Gesetzbuch auszuarbeiten. Der Organisator des Unternehmens war der Schriftsteller und Direktor der Universität, Michail Matwejewitsch Cheraskow. Er wurde von angesehenen Vertretern des Adels unterstützt, so von Graf Andrei Petrowitsch Schuwalow, dem künftigen Präsidenten des Bergkollegiums, Graf Apollos Apollossowitsch Mussin-Puschkin, dem Marschall der Gesetzbuch-Kommission, Alexander Iljitsch Bibikow, dem Sohn des Oberprokurators des Synods und Dichters, Fürst Fjodor Alexejewitsch Koslowski, dem späteren Moskauer Freund Nowikows und Berater in Verlagsangelegenheiten, Fürst Nikolai Nikititsch Trubezkoi, den Gebrüdern Naryschkin, den Professoren Barsow, Weniaminow und Sybelin u. a. m.

Dieser Stab von Wissenschaftlern und Wissenschaftsmäzenen war es, der eine dreibändige russische Ausgabe von 27 Ar-

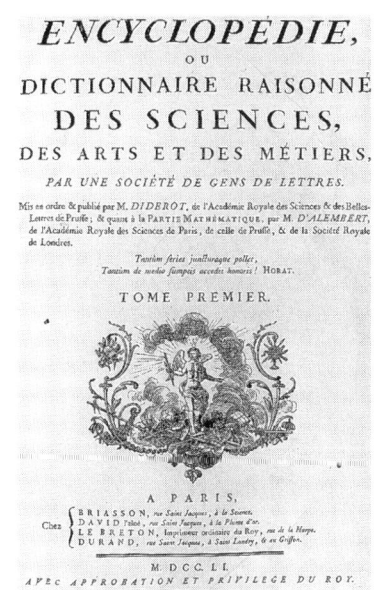

*Titelseite des ersten
Bandes der »Encyclopédie«,
erschienen in Paris 1751*

*Jean-Jacques Rousseau.
Stich von David Martin nach einem
Gemälde von Allan Ramsey, 1766*

tikeln der »Encyclopédie« vorbereitete. Der größte Teil davon beinhaltete allgemeine Termini, so die Stichworte Geographie, Mineralogie, Ethik und anderes. Übersetzt wurde aber auch Voltaires Artikel »Geschichte«, in dem der Verfasser die Gültigkeit historischer Aussagen bestritt, insofern diese sich auf kirchliche Quellen stützten. Auch Begriffe wie »Zauberei« fand man übersetzungswürdig. Jedoch die Arbeiten an der russischen Ausgabe von Artikeln der »Encyclopédie« kamen nicht voran und mußten schließlich eingestellt werden.

Eine besondere Bedeutung bei der Ausbildung der Studierenden an der Universität Moskau erlangte der Umstand, daß diese auch mit den Werken Rousseaus bekannt gemacht wurden, die die Universitätsdruckerei Ende der sechziger Jahre in russischen Ausgaben herausbrachte. Auch in Rußland wurde zu dieser Zeit der beherrschende Einfluß, den Voltaire ausübte, von den Einwirkungen Rousseaus abgelöst.

Als Hauptübersetzer von Schriften Rousseaus betätigte sich Pawel Sergejewitsch Potjomkin, der seine Ausbildung vermutlich an der Universität Moskau erhalten hatte. Potjomkin entstammte einer wenig begüterten Adelsfamilie, deren Lage sich mit der Karriere eines ihrer Familienmitglieder, Grigori Alexandrowitsch Potjomkins, zum allmächtigen Favoriten der Kaiserin Katharina II. und faktischen Mitregenten des Russischen Reiches sehr günstig verändert hatte. 1768 erschien in russischer Sprache Rousseaus Antwort auf die Preisfrage der Akademie zu Dijon »Discours sur les sciences et les arts«, 1769 die »Nouvelle Héloïse« und 1770 der »Discours sur l'origine et les fondements de l'inégalité parmi les hommes«.

Das Erscheinen von Schriften Rousseaus in russischen Ausgaben seit Ende der sechziger Jahre stellte für das Reich Katharinas II. eine Sensation dar, wußten doch die Kaiserin und ihre Berater, daß die Werke Jean-Jacques Rousseaus weit radikaler gehalten waren als die Voltaires und der Enzyklopädisten. Rousseau prangerte nicht nur die Unterdrückungspraktiken des Ancien régime an, sondern forderte die Gleichheit für alle Menschen auf der Erde. Besondere Bedeutung erlangte in diesem Zusammenhang der Umstand, daß die Werke Rousseaus in einem Augenblick im Zarenreich erschienen, als sich die sozialen Spannungen in Rußland verschärften und in den südöstlichen Randgebieten des Reiches der *Pugatschow-Aufstand* von 1773–1775 tobte. Bereits im Sommer 1771 war es in Moskau in Verbindung mit der Ausbreitung der Pest zu einer Erhebung armer Volksschichten, der sogenannten *Pestrevolte*, gekommen.

Die Mehrzahl der Studierenden der Moskauer Universität, die als Übersetzer ausländischer Werke hervortraten, hegten die Hoffnung, daß das weitere Voranschreiten der Wissenschaften notwendigerweise auch zu gesellschaftspolitischen Umgestaltungen im Lande führen müsse. Es war daher verständlich, daß namentlich aus dem Kreis der Absolventen die Übersetzer von ausländischen Schriften hervorgingen, die sich mit historischen und philosophischen Themen sowie mit politischer Bildung beschäftigten. Ein Teil der Übersetzungen blieb dabei ungedruckt und ohne Angabe des Verfassers oder Übersetzers.

So wissen wir auch von einem Studenten der Juristischen Fakultät, der im Jahre 1770 die Universität absolvierte. Dieser Alexei Artemjewitsch Artemjew, Sohn eines Dorfgeistlichen, gilt als der erste russische Jurist, der ein Lehrbuch des Russischen Rechts zusammenstellte, das im Jahre 1777 im Druck erschien. Nach dieser Arbeit hat eine ganze Generation von Rechtsstudenten der Moskauer Universität gearbeitet. Ein anderer Moskauer Student war Wassili Petrowitsch Iwanow, der das geographische Lehrbuch von Ludwig Adolf Baumann aus dem Deutschen ins Russische übersetzte, das in mehreren Ausgaben, so 1775, 1781 und 1788, erschien.

Einen besonderen Platz nahmen Leitfäden der Bergbaukunde und des Hüttenwesens ein. Solche Lehrbücher waren nicht nur von wissenschaftlicher, sondern auch von großer volkswirtschaftlicher Bedeutung, da zur selben Zeit in Rußland die ersten größeren Hüttenwerke gebaut wurden. So kam es nicht von ungefähr, wenn namentlich Studenten und Wissenschaftler der Universität Moskau von der Regierung zur Arbeit in Werke, Betriebe und Verwaltungsabteilungen beordert wurden. Bekannt geworden ist die Karriere, die der Soldatensohn Alexei Nikitisch Gladkoi machte. Er erhielt den Auftrag, unmittelbar nach dem Besuch der Universität in der Gesetzbuch-Kommission Katharinas II. von 1767/68 zu arbeiten und danach eine Tätigkeit im Bergkollegium aufzunehmen. Schließlich wurde ihm eine leitende Stellung im Permer Goldbergwerk übertragen. 1775 legte er die Schrift des bekannten Freiberger Metallurgen und Phlogiston-Chemikers Johann Friedrich Henckel über das Hüttenwesen in russischer Übersetzung vor.

Nikolai Iwanowitsch Danilowski, der ebenfalls aus kleinen Verhältnissen kam, übersetzte Werke aus dem Französischen, und zwar verschiedenster Wissensgebiete, vom leichten Genre bis zu gelehrten Abhandlungen. Eine Vorliebe zeigte er für die politische, philosophische und soziologische Literatur. So übertrug er Stellen aus den Werken Montaignes, Shaftesburys, Rousseaus, Helvétius' und anderer ausländischer Schriftsteller. Besondere Aufmerksamkeit schenkte er dem Problem der rechtlichen Stellung des Menschen in der Gesellschaft.

Das breite Spektrum, das die von Studenten und Wissenschaftlern der Universität Moskau veranstalteten Übersetzungen aus dem Französischen, Englischen und Deutschen aufwiesen, vermittelt eine einprägsame Vorstellung von den Ideenrichtungen im Denken der russischen Gesellschaft während der zweiten Hälfte des 18. Jahrhunderts.

Wissenschaftliche Anstalten und Gelehrte Gesellschaften

Ein bedeutsames Ereignis in Rußland um die Mitte des 18. Jahrhunderts war nach der Eröffnung der Universität Moskau die Stiftung der St. Petersburger *Akademie der Künste*[27] im Jahre 1757. Sie erfolgte auf Initiative der Universität Moskau, wobei sich wiederum Graf Iwan Iwanowitsch Schuwalow hervortat. Er versicherte sich dabei der Mitwirkung französischer Künstler, die Diderot und Voltaire vermittelten. Als Vorbild der Russischen Akademie der Künste diente die französische »École des beaux arts«. Die Eröffnung der neuen Kunstinstitution fand 1758 statt. 1764 erfolgte durch Katharina II. die Neustiftung[28] der »Akademie der drei vornehmsten Künste, der Malerei, Bildhauerei und Baukunst, und der mit derselben verbundenen Erziehungsschule«.

Das Hauptanliegen bei der Ausbildung von Künstlern an der Akademie bestand nach den Statuten darin, nicht »kriechende Sklaven«, sondern »freie Menschen« zu erziehen. In diesem Sinne ließ Kaiserin Katharina II. ausdrücklich sagen: »Alle in Unserm Reiche geborenen, sowohl gegenwärtig bei der Akademie befindlichen Mitglieder, Adjunkte, Akademiemitglieder und Lehrlinge als auch diejenigen, die künftighin aus der bei der Akademie errichteten Erziehungsschule kommen werden, wenn sie sich durch ihr löbliches Betragen sowie durch ihre guten Sitten (worauf hauptsächlich zu sehen ist) hervortun und dabei in den Künsten und Kunsthandwerken eine vorzügliche Geschicklichkeit erwerben, auch hierüber von der akademischen Versammlung Attestate erhalten haben, erklären Wir kraft dieses allergnädigst für ihre Personen wie nicht weniger für ihre Kinder und Nachkommen auf ewige Zeiten für völlig freie Leute ... Wir verbieten auch diesem zufolge allen und jenen, wes Standes sie seien, auf das ernstlichste, dergleichen Künstler und Meister oder deren Kinder und Nachkommen, auf welcherlei Art es auch geschehe, sich zu Leibeigenen verschreiben zu lassen ... Die aus dieser Akademie kommenden Künstler und Meister sollen im ganzen Reiche frei und ungehindert zu allen Kron- und öffentlichen Arbeiten, zu denen sie Geschicklichkeit besitzen, sowie auch zu allen Diensten, die sie suchen und bei denen sie gebraucht werden können, zugelassen und angenommen werden.«[29]

Unter der dreißigjährigen Präsidentschaft Bezkois, der auf dem Boden der pädagogischen Ideale der Enzyklopädisten stand, errang die Kaiserliche Akademie der Künste – ungeachtet aller Widrigkeiten und Hemmnisse – beachtliche Erfolge. Zur Erzielung von Kunstleistungen waren auch technische Fertigkeiten erforderlich, die in Werkstätten geübt werden mußten. So gab es für den Stahl- und Kupferstich und für die Steinschneiderei besondere Anstalten. 1786 wurde ein Atelier für die Herstellung von Bronzefiguren eingerichtet. Von besonderer Wichtigkeit war, daß es gelang, eine feste Basis für die Entwicklung eines nationalen Künstlerstandes zu schaffen. Die Bedeutung der Einrichtung wurde nicht zuletzt aus den Namen der nachmals berühmten Absolventen deutlich, die die St. Petersburger Akademie der Künste im

Der Bildhauer Fedot Iwanowitsch Schubin, Absolvent der Akademie der Künste. Selbstporträt

18. Jahrhundert verließen. Zu ihnen zählten die Architekten Wassili Iwanowitsch Bashenow, Iwan Jegorowitsch Starow und Adrian Dmitrijewitsch Sacharow, der Bildhauer Fedot Iwanowitsch Schubin und der Maler Anton Pawlowitsch Lossenko, der später als Lehrer und Rektor an die Akademie zurückkehrte. Auch der berühmte Porträtist Fjodor Stepanowitsch Rokotow war zeitweilig Student der Kunsthochschule.

In der zweiten Hälfte des 18. Jahrhunderts drang die Wissenschaft immer stärker auch in den Bereich der Produktion ein. Es entstanden zahlreiche Ökonomische Gesellschaften, die vorrangig Fragen der Entwicklung der Landwirtschaft behandelten. Auf der Grundlage genauen Betrachtens, Messens, Experimentierens und Systematisierens trugen sie in unmittelbarer Verbindung mit der Praxis zur allmählichen Herausbildung der Landwirtschaftswissenschaften bei. Neben der extensiven Ausdehnung der landwirtschaftlichen Produktion, so der Gewinnung landwirtschaftlicher Nutzflächen durch Entwässerung von Sumpf- und Brachland, stand die Frage der Intensivierung der landwirtschaftlichen Produktion im Vordergrund.

Im Jahre 1765 wurde zu St. Petersburg die *Freie Ökonomische Gesellschaft* (FÖG)[30] gegründet. Sie gehörte zu den ältesten Ökonomischen Gesellschaften Europas und bestand bis zum Jahre 1919. In ihr wirkten zahlreiche hervorragende Persönlichkeiten der Wissenschaft und Praxis, so Wirtschaftstheoretiker, Landwirte, Industrielle, Ärzte, Naturforscher, Techniker sowie Vertreter anderer Wissenschaften und praktischer Wirtschaftsbereiche, aber auch Kaufleute, Unternehmer und Bauern. Die Hauptaufgabe der Gesellschaft bestand im 18. Jahrhundert vor allem darin, zur allseitigen Entwicklung der Gutsbesitzerwirtschaft beizutragen. Die Freie Ökonomische Gesellschaft veröffentlichte die meisten ihrer Abhandlungen in der Hauptschriftenreihe der gelehrten Sozietät, den »Trudy« (Arbeiten), in denen die verschiedensten Wissensgebiete, so Landwirtschaft, Viehzucht, Agrotechnik, Industrie, Medizin, Volksbildung und andere, behandelt wurden. Gleichzeitig schrieb die FÖG Preisfragen aus, die sich auf Themen des Feldbaus, der Pflanzenzüchtung, der Viehhaltung, des Gesundheitswesens, der Veterinärmedizin, des Wohnungsbaus, der Herstellung landwirtschaftlicher Maschinen und auf anderes mehr bezogen.

In den der Gesellschaft eingereichten Preisschriften wurden zum Teil recht heikle Fragen behandelt: ob der Bauer das Eigentumsrecht an Grund und Boden besitzen solle, oder was vorteilhafter war – Arbeit von freien Lohnarbeitern oder Ar-

*Pjotr Iwanowitsch Rytschkow.
In seiner »Orenburgischen Topographie«
behandelte er Probleme der Archäologie, Ethnographie, Geographie, Orographie und Hydrographie
Rußlands, vor allem des Wolgagebiets und
der Regionen am Kaspischen Meer.*

beit von Leibeigenen, ob man in Rußland die Leibeigenschaft abschaffen solle. Den größten Raum nahm jedoch die Verbreitung landwirtschaftswissenschaftlicher wie überhaupt volkswirtschaftlicher Kenntnisse in allen Bereichen der russischen Ökonomik ein.

Die Gründung der FÖG bildete einen markanten Ausdruck der Politik der aufgeklärten Autokratie Katharinas II. Als Mitglieder der Gesellschaft wirkten im 18. Jahrhundert hochverdiente Persönlichkeiten. Zu ihnen gehörten Gelehrte wie Euler, Bolotow, Rytschkow. Sie alle äußerten sich in dieser oder jener Form zu den im Russischen Reich vorherrschenden Agrarverhältnissen.

Besondere Bedeutung unter dem landwirtschaftlichen Schrifttum kam den Arbeiten von Andrei Timofejewitsch Bolotow[31] zu, der 50 Jahre lang als Mitglied der Freien Ökonomischen Gesellschaft wirkte. Bolotow gilt als der erste Agrarwissenschaftler Rußlands. Beachtliches leistete auch der Geograph, Ökonom, Historiker und Naturforscher Pjotr Iwanowitsch Rytschkow, der Begründer der Ökonomischen Geographie in Rußland. Bei seinen Arbeiten handelte es sich um wichtige Beiträge zur Archäologie, Ethnographie, Geographie, Orographie und Hydrographie des Russischen Kaiserreiches, vor allem des Wolgagebiets, der Gegenden am Kaspisee und der Regionen des Ostens. Besonders bekannt wurde Rytschkows »Orenburgische Topographie«[32]. Neben Agrartheoretikern und praktischen Landwirten wirkten auf dem Gebiet des naturwissenschaftlichen und agrartechnischen Denkens solche bedeutende Gelehrte wie Afanassi Awwakumowitsch Kawersnew, Peter Simon Pallas, Iwan Iwanowitsch Lepjochin, Kaspar Friedrich Wolff, Nikolai Jakowlewitsch Oserezkowski, Martyn Matwejewitsch Terechowski, Alexander Michailowitsch Schumljanski, Matwei Iwanowitsch Afonin, Iwan Michailowitsch Komow und zahlreiche andere.

Einen wichtigen Platz unter den Stellungnahmen zur Agrarfrage belegten die Preisschriften, die der FÖG von Gelehrten eingesandt wurden. Dies galt vor allem für die Abhandlung des Juristen und Historikers Alexei Jakowlewitsch Polenow und die unter dem Namen S. Alexandrow eingereichte Arbeit. Beide Schriften enthielten eine scharfe Kritik der russischen Leibeigenschaftsordnung. Zu den ausländischen Autoren gehörte auch Voltaire. Zur Frage der Agrarentwicklung in Rußland nahm ebenso das Mitglied der FÖG, der Gelehrte, Diplomat und Schriftsteller Dmitri Alexejewitsch Golizyn, ausführlich in seinem Hauptwerk »Vom Geist der Ökonomisten«[33], das 1796 erschien, Stellung.

Die Freie Ökonomische Gesellschaft zu St. Petersburg bildete seit ihrer Gründung im Jahre 1765 eine geistige Leitstelle, von der wichtige Impulse zur Entwicklung der russischen Volkswirtschaft ausgingen. Was der FÖG fehlte, war eine ihr zugeordnete Hochschule für Ökonomie, in der die benötigten Wirtschaftsfachleute ihre Ausbildung erhielten. Die 1772 eingerichtete *Kommerzschule* vermochte diese Aufgabe nicht zu erfüllen.

Eine Art Ersatz für die nach der Gründung der Universität Moskau nicht zustande gekommenen anderen Universitäten stellten die höheren und mittleren Lehranstalten sowie die gesonderten Akademien und Gelehrten Gesellschaften dar, zu denen auch die an der Universität Moskau bestehende *Freie Russische Gesellschaft* (FRG)[34] gehörte, die im Juni 1771 eingerichtet wurde. Ihr Ziel bestand darin, das geschichtliche Material über das russische Imperium insgesamt und über bestimmte Begebenheiten seiner Vergangenheit im besonderen zu sammeln und auszuwerten sowie mitzuhelfen, die Entwicklung der russischen Sprache zu fördern. Als konkrete Aufgabe war dabei die Abfassung eines großen Wörterbuchs der Russischen Sprache vorgesehen. An diesem Vorhaben mitzuarbeiten, waren alle Mitglieder aufgerufen. Gleichzeitig erging ein Appell an alle Freunde der russischen Geschichte und Altertumskunde, die Vergangenheit ihrer Kreise und Bezirke zu erforschen, alle wichtigen Begebenheiten aufzuzeichnen und der Freien Russischen Gesellschaft an der Universität Moskau mitzuteilen.

Bis zum Jahre 1774 waren die Arbeiten gut vorangekommen, und es lagen bereits ansehnliche Vorarbeiten für das

Wassili Wassiljewitsch Kapnist.
Gemälde von Wladimir Lukitsch Borowikowski,
Ende 18. Jahrhundert

angestrebte Wörterbuch der Russischen Sprache vor. Auch Materalien zu einem neueren Kirchenlexikon waren aufbereitet worden, und ebenso verfügte man über neue Angaben zur Topographie Astrachans. Die von der Gesellschaft nach dem Vorbild der Petersburger Freien Ökonomischen Gesellschaft in alle Teile des Russischen Reiches verschickten Fragebogen, in denen um Mitarbeit und Angaben gebeten wurde, trugen bereits erste Früchte. Man konnte daher auch zur Ausschreibung von jährlichen Preisfragen schreiten.

Im ganzen gesehen konnte sich die Freie Russische Gesellschaft an der Universität Moskau jedoch in keiner Weise mit der Freien Ökonomischen Gesellschaft zu St. Petersburg messen.

Die FRG ging zudem bereits im Jahre 1784 ein, ohne die von ihr gestellten Ziele erreicht zu haben. Erst die Ende des

18. und zu Beginn des 19. Jahrhunderts entstandenen Nach-
folgegesellschaften sollten die von der Freien Russischen
Gesellschaft ins Auge gefaßten Arbeiten wieder aufgreifen
und mit Erfolg zu Ende führen. Zu ihnen zählte die 1783 ins
Leben gerufene und bis 1841 bestehende *Russische Akademie*, die zu einem Zentrum für die Erforschung der russischen Sprache wurde. Ihr gehörten bereits im 18. Jahrhundert berühmte Schriftsteller und Gelehrte an, unter ihnen
Denis Iwanowitsch Fonwisin, Gawriil Romanowitsch Dershawin, Jakow Borissowitsch Knjashnin, Wassili Wassiljewitsch Kapnist, Stepan Jakowlewitsch Rumowski, Alexei
Protassjewitsch Protassow, Semjon Kirillowitsch Kotelni-
kow und Iwan Iwanowitsch Lepjochin, der von 1783 bis
1802 das Amt des Akademischen Sekretärs versah. Akade-
miepräsident in den Jahren 1783 bis 1796 war Fürstin Jekaterina Romanowna Daschkowa. Als erste große Publikation
brachte die Russische Akademie ein monumentales Wörterbuch der Russischen Sprache heraus, das in den Jahren
1789 bis 1794 erschien und 1806 bis 1822 eine Neuauflage
erlebte.

Von dem in der ersten Hälfte des 18. Jahrhunderts in Rußland verstärkt in Erscheinung tretenden Säkularisationspro-
zeß blieben auch die Geistlichen Akademien, Kollegien und
Seminare, die es in mehreren Städten des Reiches gab, nicht
unberührt. Eine besondere Bedeutung kam hier der Politik der
aufgeklärten Selbstherrschaft zu, die in der von Peter III. und
Katharina II. verfügten Säkularisation der Kirchen- und Klo-
sterländereien einen typischen Ausdruck fand. Diese Maß-
nahme bedeutete eine weitgehende ökonomische Entmach-
tung der orthodoxen Kirche. Kaiserin Katharina II. war
bestrebt, damit das von Peter I. begonnenc Werk fortzufüh-

ren. Die Zarin war spürbar von den französischen Enzyklopädisten, Bayle, Voltaire und Montesquieu beeinflußt. Angeregt vom Deismus Voltaires, leugnete die russische Herrscherin zwar nicht die Existenz Gottes, betrachtete jedoch den
historischen Prozeß als unabhängig von der Einwirkung des
Weltschöpfers. Somit bedurfte der Staat für Katharina II. keiner religiösen Weihe, sondern der vom Monarchen gegebenen gesetzlichen Ordnung. Dieser hatte sich, wie schon von
Peter I. gefordert, auch die Kirche als Institution zu fügen, d.h.
dem Staat und dem Willen des Herrschers unterzuordnen.

Dies alles bedeutete, daß aufgeklärtes Gedankengut immer
stärker auch in die Geistlichen Akademien zu Moskau und
Kiew eindrang. So studierte der Moskauer Erzbischof Platon
Lewschin die Schriften von Voltaire, Helvétius und Rousseau
und sorgte dafür, daß auch die Studenten der Theologie mit
den Werken dieser Denker bekanntgemacht wurden. Auch als
Religionslehrer des späteren Kaisers Paul wirkte der Erzbischof in diesem Sinne. Zusammen mit anderen hohen Präla-
ten betraute Katharina II. im Jahre 1763 Platon mit der Reformierung des geistlichen Schulwesens. Bei der Reorganisation
der beiden kirchlichen Akademien fanden in hohem Maße die
Pläne Feofan Prokopowitschs Berücksichtigung, dessen Pre-
digten und Reden in den Jahren 1760 bis 1765 in einer
dreibändigen Ausgabe erschienen. Eine Prokopowitsch-
Renaissance schien damit offensichtlich geworden. An die
Stelle des bisherigen Studiums der Scholastik trat im Studien-
betrieb der geistlichen Hochschulen jetzt mehr und mehr die
Wolffsche Philosophie, wie sie in den Lehrbüchern von Friedrich Christian Baumeister, die in Moskau in russischer Sprache herauskamen, propagiert wurde.

Angesichts des Eindringens aufgeklärter Denkrichtungen

in die geistlichen Hochschulen war es nicht verwunderlich,
daß aus der Moskauer Akademie ein Freigeist wie der spätere
Universitätsprofessor Dmitri Sergejewitsch Anitschkow her-
vorgehen konnte, der freilich von der orthodoxen Kirche und
dem Metropoliten auf das schärfste bekämpft wurde. Jedoch
Männer wie Fürst Alexei Semjonowitsch Koslowski, von
1758 bis 1763 Oberprokuror des Heiligen Synods, setzten
sich mit Nachdruck für die Verbreitung aufgeklärten und
freigeistigen Gedankenguts auch an den kirchlichen Hochschulen, Kollegien und Seminaren des Russischen Kaiserreiches ein.

Akademische Expeditionen und Forschungsreisen

Richtungweisend für die Wissenschaftsentwicklung im Russischen Reich blieb auch unter Katharina II. die *Petersburger Akademie der Wissenschaften*[35] mit ihren großangelegten Akademischen Expeditionen von 1768–1774, die von der Kaiserin in hohem Maße unterstützt wurden. Den Hintergrund der Unternehmungen bildeten die Reformbestrebungen der Herrscherin. Bedeutung erlangten auch die maritimen Erkundungsfahrten, durch die allmählich die gesamte Inselkette zwischen Rußland und Nordwestamerika erschlossen wurde. Die wissenschaftlichen Expeditionen zur Landaufnahme trugen universellen Charakter. Durch sie sollten gleichzeitig die Lagerstätten von wertvollen Rohstoffen, so von Erzen und Kohle, aufgedeckt werden. Der Leibnizsche Lehrsatz »Theoria cum praxi« lag allen wissenschaftlichen Erkundungen im Rußland des 18. Jahrhunderts zugrunde. Dieselbe Bewandtnis hatte es mit den wissenschaftlichen Werken, die in immer größerer Anzahl erschienen. So kam 1755 Stepan Petrowitsch Krascheninnikows zweibändige »Beschreibung des Landes Kamtschatka« in russischer Sprache heraus, von der 1763 und 1764 englische Übersetzungen erschienen und 1766 auch eine deutsche Ausgabe erfolgte. Gerhard Friedrich Müller veröffentlichte seine

Geschichte Sibiriens in fünf Folgen in der von ihm herausgegebenen Schriftenreihe »Sammlung russischer Geschichte«, deren letzter Teil 1764 erschien. Georg Wilhelm Stellers »Beschreibung von dem Lande Kamtschatka« wurde erst 30 Jahre nach Abschluß der Expedition, d. h. 1774, in Leipzig veröffentlicht, in Petersburg gar erst 1783, da sich der Verfasser der Edition nicht mehr annehmen konnte. 1781 war auch Stellers »Topographische und physikalische Beschreibung der Beringinsel« herausgekommen, wobei die Petersburger Ausgabe bereits unter dem Eindruck der Weltreise von James Cook erfolgte.

An der Petersburger Akademie der Wissenschaften wurden durch die um die Mitte der sechziger Jahre maßgeblich von Lomonossow und Johann Albrecht Euler, Leonhard Eulers ältestem Sohn, bewirkte Reform günstige Voraussetzungen für die Weiterentwicklung der Wissenschaften in Rußland geschaffen. Johann Albrecht Euler betätigte sich als Wissenschaftsorganisator großen Stils und übte von 1769 bis 1800 das Amt des Sekretärs der Akademie aus. Eine Zentralstelle zur Förderung der wissenschaftlichen Forschung stellte das *Geographische Departement* dar, dem Lomonossow seit 1758 bis zu seinem Tode im Jahre 1765 vorstand. Hier erfolgten Vorbereitung und Auswertung der für die Wissenschaftsentwicklung in ganz Europa bedeutsamen russischen Forschungsexpeditionen. Die mit der Petersburger Akademie der Wissenschaften eng verbundene *Kunstkammer* erhielt durch die Expeditionen wertvolle Sammlungen, die für mehrere Wissenschaften, so für Botanik, Zoologie und Sprachwissenschaften, von grundlegender Bedeutung wurden. Durch Auswertung der reichen Bestände der Kunstkammer vermochte Kaspar Friedrich Wolff 1759 die Entwicklungs-

 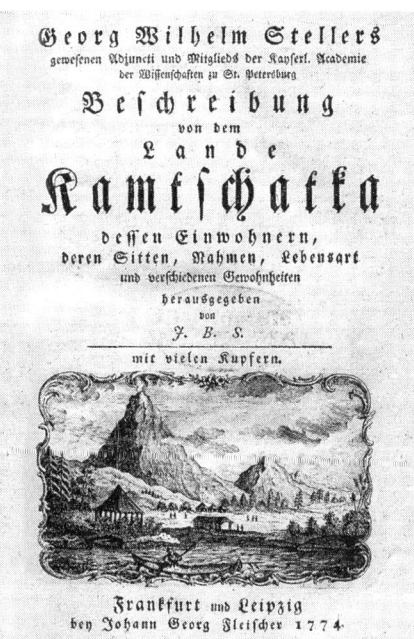

Titelblätter von Johann Eberhard Fischers »Sibirischer Geschichte«,
Petersburg 1768, und Georg Wilhelm Stellers »Beschreibung von
dem Lande Kamtschatka«, Frankfurt/Leipzig 1774

Kunstkammer der Petersburger Akademie der Wissenschaften

theorie wesentlich zu vervollkommnen, wobei ihn sein Schüler Peter Simon Pallas unterstützte.

Wie sehr sich auch Lomonossow[36] für die Fortführung der Forschungsreisen einsetzte, zeigt seine Denkschrift von 1763, in der er den bisherigen Nutzen und die Perspektiven weiterer Unternehmungen abschätzte. Die »Kurzgefaßte Beschreibung verschiedener Forschungsreisen auf den Nordmeeren und Angabe einer möglichen Durchfahrt auf dem Sibirischen Ozean nach Ostindien« trug dazu bei, daß noch zu Lebzeiten des Gelehrten eine Expedition aufbrach, um die Möglichkeit der nordöstlichen Fahrt durch das Eismeer zu bestätigen. Das Unternehmen stand unter der Leitung des Kapitäns und späteren Admirals Wassili Jakowlewitsch Tschitschagow, der in den Jahren 1765 bis 1766 von Kola aus zwei Versuche unternahm, in das betreffende Gebiet vorzudringen, dabei jedoch keinen Erfolg erzielte.

Auch an anderen Expeditionen fehlte es nicht. So unternahmen einzelne Seefahrer auf eigene Kosten zwischen 1760 und 1770 mehrere Vorstöße in die nordischen Gewässer und Gegenden, durchsegelten die Waigatschstraße und das Karische Meer, umfuhren Nowaja Semlja und drangen weiter nach Osten vor. 1768 wurde die Meerenge von Matoschkin Scharr entdeckt. Der Kaufmann Iwan Ljachow fand auf einer Insel in Neu-Sibirien fossiles Elfenbein und Massen von Knochen, die von Rindern, Schafen und Pferden stammten, und entdeckte die Inseln Mali und Kotelni.

Die Forschungsarbeiten der Petersburger Akademie der Wissenschaften wurden von der Kaiserin Katharina II. bedeutend gefördert. Mit der Rückkehr Leonhard Eulers nach Petersburg im Jahre 1766 nahm die mathematische Forschung der Akademie einen neuen Aufschwung. Außerdem gewan-

Tungusen beim Bau einer Jurte.
Aus Georg Wilhelm Steller, »Beschreibung von dem
Lande Kamtschatka«, Frankfurt/Leipzig 1774

nen nach dem Tode Lomonossows an der Akademie russische
Gelehrte zunehmend an Einfluß, so der Naturwissenschaftler
Iwan Iwanowitsch Lepjochin, der sich mit seiner vierbändi-
gen Reisebeschreibung über das Wolgagebiet, den Ural und
den Norden des europäischen Rußlands internationale Anerkennung erwarb, der Astronom Pjotr Borrissowitsch Ono-
chodzew, der durch seine Beobachtung des Venusdurchgangs
bekannt wurde, die Euler-Schüler Semjon Kirillowitsch Ko-
telnikow und Stepan Jakowlewitsch Rumowski, der Anatom
Alexei Protassjewitsch Protassow, der Naturforscher Wassili
Fjodorowitsch Sujew und andere.

In den Jahren 1768 bis 1774 kam es im Zarenreich zu neuen großen Forschungsreisen, die in die russische Wissenschaftsgeschichte als die »Akademischen Expeditionen« eingegangen sind. Sie erregten in der gesamten wissenschaftlichen Welt beträchtliches Aufsehen. Den Hintergrund der Expeditionen dieser Jahre stellten die Reformbestrebungen der Regierung Katharinas II. dar. Den Anstoß gaben die Betrachtungen des Venusdurchgangs, die der französische Astronom Jean Chappe d'Auteroche auf Weisung König Ludwigs XV. 1761 in Tobolsk angestellt hatte. Die von dem Gelehrten angegebenen Werte wurden nicht nur von der Petersburger, sondern auch von der Pariser Akademie angezweifelt.

Für die Petersburger Akademie der Wissenschaften bot der bevorstehende Venusdurchgang des Jahres 1769 Gelegenheit, den Stand der russischen Astronomie unter Beweis zu stellen. Für Kaiserin Katharina II. wurde die Frage der Beteiligung ihrer Akademie an den Beobachtungen zu einer Prestigeangelegenheit. Die Zarin verlangte von der Akademie eine erneute Durchforschung des Russischen Reiches. Was den Venusdurchgang anbetraf, so wurde dieser von mehreren Gelehrten in Kola, Jakutsk, Gurew, Orenburg und Orsk erfolgreich beobachtet, jedoch die ursprüngliche Zielstellung trat jetzt gegenüber dem gesamten Aufgabenkreis, der von der Herrscherin anbefohlenen akademischen Expedition, in den Hintergrund. Das Schwergewicht der bevorstehenden Forschungsreisen lag auf der weiteren Landeserkundung und der wirtschaftlichen Erschließung des russischen Imperiums.

Die stärksten Bestrebungen für eine komplexe Ausweitung der geplanten Expeditionen gingen von der Petersburger Freien Ökonomischen Gesellschaft aus. Im Verlaufe der Vorbereitungen wurde eine Aufteilung in drei große Hauptgruppen

*Peter Simon Pallas. Stich von Wilhelm Arndt,
1802, nach einer Radierung von Geißler*

vorgenommen: in die Orenburger Expedition mit den Deta-
chements Pallas, Lepjochin und Falck; in die Astrachaner
Expedition mit den Abteilungen Güldenstädt und Gmelin und
in die Astronomische Expedition. Jede einzelne Expedition
erhielt ihre vorgeschriebene Marschroute und eigene Richtlinien für die durchzuführenden Beobachtungen. Danach sollten die zu erforschenden Gebiete geographisch beschrieben
werden und Beobachtungen über Mineralogie, Botanik, Zoologie, Geschichte, Völkerkunde, Landwirtschaft, Viehzucht,
Pelzhandel, Fischfang, Handwerk, Industrie, Handel, Sitten
und Gebräuche der Einwohner, Denkwürdigkeiten der Vor-
zeit, Krankheiten von Mensch und Tier und vieles andere
mehr aufgezeichnet werden. Die wichtigste Expedition stand
unter Leitung von Peter Simon Pallas. Sie begann 1768 und

dauerte bis 1774. Auf seiner Reise wurde Pallas von Wassili Fjodorowitsch Sujew und Nikita Petrowitsch Sokolow, dem Zeichner Dmitrijew und dem Präparator Jakow Danilowitsch Schumski begleitet. Später stießen zu ihm noch der Kapitän Nikolai Petrowitsch Rytschkow, Georgi Bykow, Gerassim Stepanowitsch Lebedew, Johann Jaehrig und andere.

Pallas gelangte im ersten Jahr bis zum Ural. Im zweiten Jahr stieß er zum Kaspischen Meer vor, und im dritten Jahr erreichte er den Altai. Im fünften Jahr erforschte er das Baikalgebiet und kehrte 1774 über den See Elton nach Petersburg zurück. Seine Reiseaufzeichnungen hatte Pallas in zeitlichen Folgen nach Petersburg geschickt, wo sie sofort in deutscher, russischer, französischer und englischer Sprache unter dem Titel »Reise durch verschiedene Provinzen des Russischen Reiches« (drei Teile, St. Petersburg 1771–1776) erschienen. In der Hauptstadt wertete Pallas seine Reiseergebnisse weiter aus und veröffentlichte in den Jahren 1784 bis 1788 seine »Flora Rossica«, durch die er zu einer Zentralgestalt der russischen Wissenschaft wurde. Kaiserin Katharina II., die ihn sehr schätzte, übertrug ihm auch die Zusammenstellung eines Vergleichenden Wörterbuchs aller Sprachen, zu dem sie selbst Material beisteuerte. In diesem unikalen Werk wurden auf der Grundlage von 273 ausgewählten Wörtern 47 europäische und 153 asiatische Sprachen und Dialekte miteinander verglichen. Nach einem längeren Aufenthalt auf der Krim, der die Jahre 1793 bis 1810 umfaßte, kehrte Pallas nach Berlin zurück. Hier starb er bald darauf im Jahre 1811.[37]

Die äußerst wertvollen Herbarien von Pallas wurden nach dessen Tod von seinem Reisegefährten, dem Engländer John Marten Cripps, erworben. Sie befinden sich gegenwärtig in der Botanischen Abteilung des Britischen Museums zu London.

Titelseite des von Iwan Iwanowitsch Lepjochin
verfaßten Berichts über seine Reisen durch das
Russische Reich, Altenburg 1774

Auch die unter dem Neffen des Botanikers Johann Georg Gme-
lin, Samuel Gottlieb Gmelin, stehende Expedition, die das
Kaspische Meer und den Kaukasus erforschte, erzielte wichtige
Ergebnisse. Dasselbe galt für zahlreiche andere Expedi-
tionsteilnehmer, so für Johann Anton Güldenstädt, der gleich-
falls den Kaukasus bereiste, wenn auch auf einer anderen
Strecke; den Linné-Schüler Johann Peter Falck, der das Oren-
burger Gebiet und Westsibirien durchforschte; Johann Gottlieb
Georgi, der zunächst Falck und später Pallas begleitete, und für
Iwan Iwanowitsch Lepjochin, der zusammen mit Nikolai
Jakowlewitsch Oserezkowski das Wolgagebiet und den euro-
päischen Norden des Russischen Reiches durchquerte. Die
Berichte und Werke der meisten Forschungsreisenden wurden

sehr rasch veröffentlicht, so daß nach Abschluß der »Akademischen Expeditionen« zahlreiche neue wissenschaftliche Angaben für die weitere Erforschung des russischen Imperiums vorlagen. Die Expeditionen forderten jedoch auch ihre Opfer. Falck beging im Jahre 1773 vor Erschöpfung Selbstmord, Samuel Gottlieb Gmelin wurde im Kaukasus gefangengenommen und starb im Gefängnis von Achmetschet. Güldenstädt entging nur mit knapper Mühe dem Schicksal Gmelins. Auch der Forschungsreisende Georg Moritz Lowitz, der im Wolgagebiet in die Auseinandersetzungen geriet, die die zarischen Gewalten mit den Aufständischen Pugatschows führten, fand den Tod. Die Pugatschow-Erhebung führte schließlich auch zum vorzeitigen Abbruch der Expeditionen, die in den von den Aufständischen beherrschten Gebieten durchgeführt wurden.

Jedoch schon 1776 schlug Pallas sieben neue Expeditionsrouten vor, und auch die anderen Expeditionsteilnehmer reichten ihre Empfehlungen ein. Jedoch wurde keiner der Vorschläge in den siebziger Jahren verwirklicht. Erst in den achtziger und neunziger Jahren liefen die Forschungsunternehmen wieder an. So durchreiste Wassili Fjodorowitsch Sujew 1781/82 die Krim, Karl Sievers begab sich in das Gebiet von Irkutsk, wo er sich von 1790 bis 1794 aufhielt, und Marschall von Bieberstein erforschte 1795 bis 1798 erneut die Krim und den Kaukasus. Hinzu kamen enger begrenzte Landeserkundungen und Fahrten im Pazifischen Ozean. Völlig aus dem Rahmen der von der russischen Regierung angeordneten Expeditionen fiel die Abenteuerreise von Jakob Reineggs in den Kaukasus, die 1778 bis 1781 erfolgte. Ungeachtet der nicht immer gegebenen Zuverlässigkeit finden sich in den Reisewerken von Reineggs für die Geschichte des Kaukasus wichtige Materialien und Beobachtungen.

Titelblatt von Johann Gottlieb Georgis
»Beschreibung aller Nationen des
Rußischen Reichs«, St. Petersburg 1776

Für die Herstellung der Verbindungen zum amerikanischen Kontinent kam den Fahrten von Kaufleuten und Fischfängern große Bedeutung zu. Durch diese Unternehmungen wurde seit der Mitte des 18. Jahrhunderts nach und nach die gesamte Inselkette zwischen Rußland und Nordwestamerika erschlossen. Die russischen Robbenfänger führten ihre Jagdfahrten bereits über 40 Jahre aus, ohne daß im übrigen Europa darüber etwas bekannt wurde. Erst nach James Cooks dritter Weltreise, um das Jahr 1780, wurde diese Tatsache bekannt, und es setzte ein Ansturm von Seefahrern aus aller Herren Länder auf dieses Gebiet ein. Die russischen Seefahrer, Fischfänger und Kaufleute hatten zu diesem Zeitpunkt jedoch bereits einen blühenden Pelzhandel aufgebaut, der zwischen ihnen und den Chinesen gepflegt wurde. Dieser Handel war seit der Erschließung Sibiriens ein wichtiger Aktivposten in der Wirtschaft des Zarenreiches. Da der chinesische Markt einen unbegrenzten Absatz ermöglichte, nahm der Pelzhandel mit der Entdeckung der nordpazifischen Inselkette einen gewaltigen Aufschwung. Die von der Akademie der Wissenschaften veranstalteten großen Expeditionen wurden seit Ende der sechziger Jahre immer stärker mit Seefahrten verknüpft, deren Anlaufziel Alaska war. Wie aus den Quellen hervorgeht, waren diese Unternehmungen äußerst gefahrvoll und endeten nicht selten mit Katastrophen. Als besonders wertvoll erwiesen sich die bei den Fahrten angefertigten Karten und Zeichnungen, die die Voraussetzungen schufen, immer wieder neue Expeditionen zu unternehmen und zum Erfolg zu führen.

Der berühmteste russische Handelsunternehmer im Nordpazifik war der Kaufmann Grigori Iwanowitsch Schelichow, der von Zeitgenossen der »russische Kolumbus« genannt wurde. Er schuf die Grundlagen für die Tätigkeit der *Russisch-Amerikanischen Handelskompanie*, die unter staatlichem Protektorat stand. Die zahlreichen Einzelfahrten der früheren Zeit waren in den siebziger und achtziger Jahren infolge der hohen Kosten für den Schiffbau von nur wenigen Kaufleuten und Unternehmern aus Mittelrußland durchgeführt worden. Hierher gehörten der Gewehrfabrikant Orechow aus Tula und die Kaufmannsfamilie Golikow aus Kursk sowie Grigori Schelichow aus Rylsk. Schelichow brachte es durch Verhandlungen, Heiraten und Vorstellungen bei Hofe zuwege, den gesamten Pazifikhandel in seiner Hand zu vereinigen.

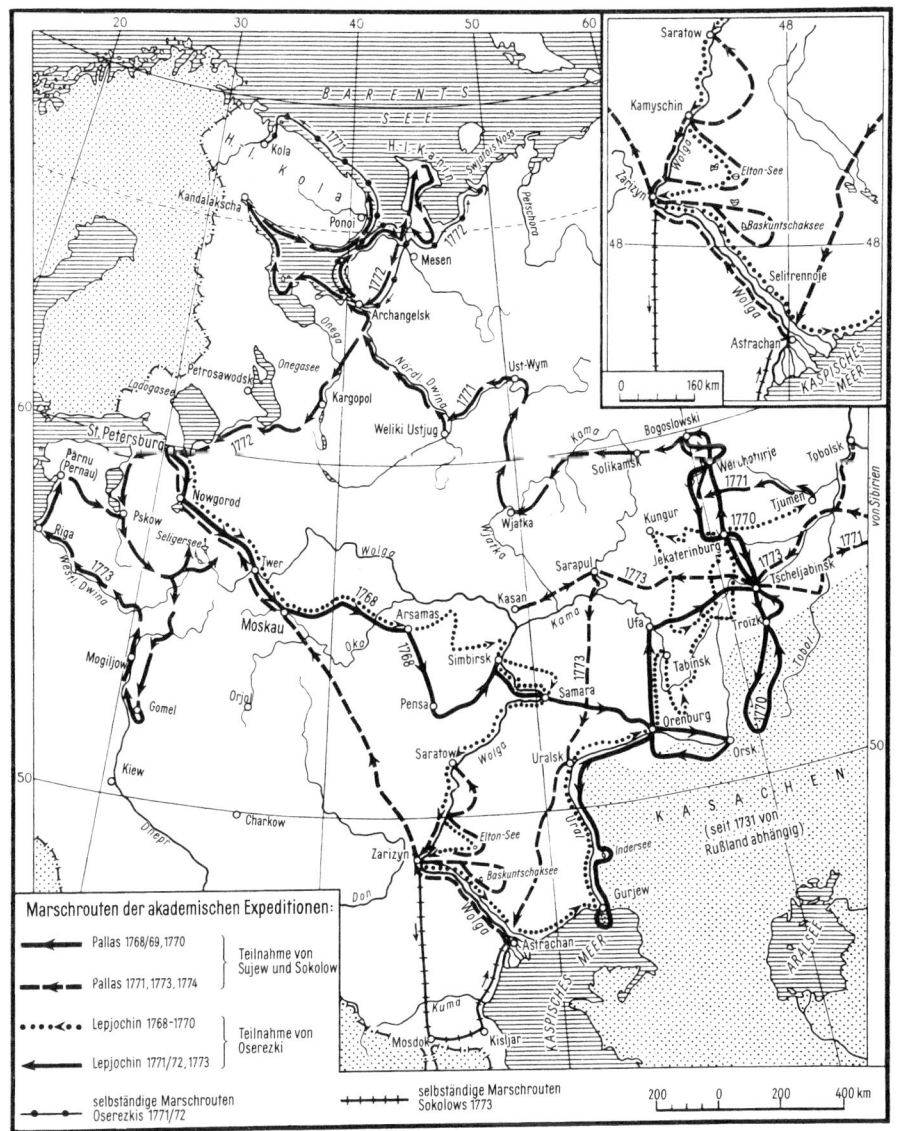

Marschrouten der akademischen Expeditionen:

←——— Pallas 1768/69, 1770	Teilnahme von Sujew und Sokolow
◄–-–-– Pallas 1771, 1773, 1774	
•••••◄•• Lepjochin 1768–1770	Teilnahme von Oserezki
←——— Lepjochin 1771/72, 1773	
•—•—• selbständige Marschrouten Oserezkis 1771/72	+++++ selbständige Marschrouten Sokolows 1773

*Marschrouten der Akademischen Expeditionen
in den sechziger und siebziger Jahren des 18. Jahrhunderts*

Die Ausrüstung der Schiffe Schelichows wurde in Ochotsk vorgenommen, wo bereits seit 1714 eine Werft existierte. Ungeachtet der leichten Bauart der Schiffe – es handelte sich in den meisten Fällen um zweimastige Galioten – erwiesen sich diese doch als recht seetüchtig und vermochten eine Besatzung von jeweils 50 Mann aufzunehmen. Eine Fangfahrt dauerte vier bis sechs Jahre, bevor die Schiffe mit Fellen vollgefüllt die Heimreise antreten konnten. Der erzielte Gewinn betrug ein Vielfaches der Kosten, die für die Ausrüstung der Schiffe verausgabt worden waren. Als Hauptstützpunkt für seine Handelsgesellschaft schuf Schelichow eine ständige Niederlassung auf der Insel Kadjak, welche bereits von Bering gesichtet worden war. Sie ist die größte dem amerikanischen Festland vorgelagerte Insel, und die Meerenge trägt noch heute den Namen »Schelichow-Straße«. Als Schelichow 1795 starb, wurde sein Unternehmen mit der Handelsgesellschaft von Irkutsk vereinigt und erhielt 1799 staatliche Privilegien.

In der Folgezeit beteiligten sich auch Kaiser Paul und Alexander I. sowie zahlreiche andere Aristokraten mit ihrem Kapital an der Tätigkeit dieser Gesellschaft. Die Kompanie erhielt jetzt das Recht, Land für das Kaiserreich in Besitz zu nehmen und russische Siedlungen zu gründen. Schließlich kontrollierte die Gesellschaft bereits die Kurilen, die Aleüten mit dem Stützpunkt Kadjak und die Besitzungen auf Alaska. Neuer Leiter der Kompanie wurde Alexander Andrejewitsch Baranow, dessen Wirken für die Entwicklung der russisch-amerikanischen Beziehungen nicht geringere Bedeutung erlangte als die Tätigkeit Schelichows. Nachdem England im Jahre 1783 einen Teil Nordamerikas verloren hatte, suchte es neue Expansionsmöglichkeiten im Nordpazifik. Auch die

Kaufschiffe der Amerikaner, Portugiesen, Spanier und Franzosen eilten in diese Seegebiete. Die Regierung Katharinas II.
zeigte sich angesichts der maritimen Aktivitäten ausländischer Schiffe im Pazifik stark beunruhigt. Sie faßte daher im
Jahre 1785 den Plan zu einer neuen großen Expedition im
nordpazifischen Raum. Dem Unternehmen wurden zwei
Hauptziele gestellt: Klärung der russischen Besitzverhältnis-
se im Pazifischen Ozean und Einverleibung der besitzlosen
Gebiete in den Bestand des russischen Imperiums. Den
Gelehrten fiel hierbei die Aufgabe zu, die Gebiete geographisch und naturwissenschaftlich weiter zu erforschen. Seit
Bering war der äußere Norden dieser Gestade nicht mehr
befahren worden, und es stand noch immer die Frage, ob es
nicht doch eine Landbrücke zwischen Sibirien und Amerika
gab.

Die Leitung der Expedition wurde dem Engländer Joseph
Billings übertragen, der als astronomischer Gehilfe Cooks an
dessen Dritter Weltumseglung teilgenommen hatte. Als Steu-
ermann war Billings 1783 in russische Dienste getreten und
von der Regierung in Petersburg auf Grund seiner Kenntnisse und Erfahrungen im Pazifischen Ozean zum Chef der
Nordpazifischen Expedition ernannt worden. Als Ordon-
nanzoffizier von Billings fungierte Robert Hall, die Schiffs-
papiere und das Reisetagebuch wurden von Martin Sauer
geführt, der ebenso wie Billings und Hall Engländer war. Aus
Sauers Feder stammt auch einer der Berichte über die Expedition, der 1803 veröffentlicht wurde. An der Fahrt nahm
auch Christian Bering, ein Enkel des berühmten Seefahrers,
teil. Während Billings das Führungsschiff »Pallas« komman-
dierte, fungierte Gawriil Andrejewitsch Sarytschew als
Kapitän des zweiten Schiffes »Slawa Rossii«. Er war der

fähigste Kopf der gesamten Expedition, wie auch aus seinem in mehrere Sprachen übersetzten Reisebericht hervorgeht. Als Naturforscher nahm an der Expedition von Billings auch der deutsche Arzt Karl Heinrich Merck teil.

Die Vorbereitung der Expedition erfolgte unter der Leitung des Admiralitätskollegiums und wurde streng geheim gehalten. Die Besatzung der Schiffe bestand aus insgesamt 150 Mann. In einer ausführlichen Anweisung war festgelegt, was während der Fahrt beachtet werden mußte. Die Expeditionsschiffe fuhren Ende Mai 1787 in Ochotsk ab. Sie suchten, durch die Beringstraße zum Fluß Kolyma vorzudringen, was jedoch nicht gelang. 1790 und 1792 starteten die beiden Schiffe zu Fahrten nach Amerika. Anschließend wurden auf der Tschuktschenhalbinsel Landexpeditionen unternommen. Im Jahre 1794 kehrten die Teilnehmer der Billings-Expedition nach Petersburg zurück.

Von großem Wert unter den erzielten Ergebnissen waren die Gegenstände und Materialien, die Dr. Merck von der Fahrt mitbrachte. Er hatte seine Reiseberichte an Pallas gesandt, der sie jedoch nicht veröffentlichen ließ. Sie haben sich aber bis heute erhalten. Dies gilt auch für das Tagebuch des Gelehrten, der 1799 in Petersburg starb. Mercks handschriftliche Hinterlassenschaft über die Billings-Expedition von 1787 bis 1794 ist bislang kaum ausgewertet. Die in den Aufzeichnungen enthaltenen zoologischen, botanischen, geographischen und völkerkundlichen Angaben über die Gebiete der nordamerikanischen Völkerstämme gehen in ihrem Informationsgehalt weit über das hinaus, was in den Berichten von Sauer und Sarytschew zu finden ist, und stellen auch noch gegenwärtig eine Fundgrube für die Forschung dar.

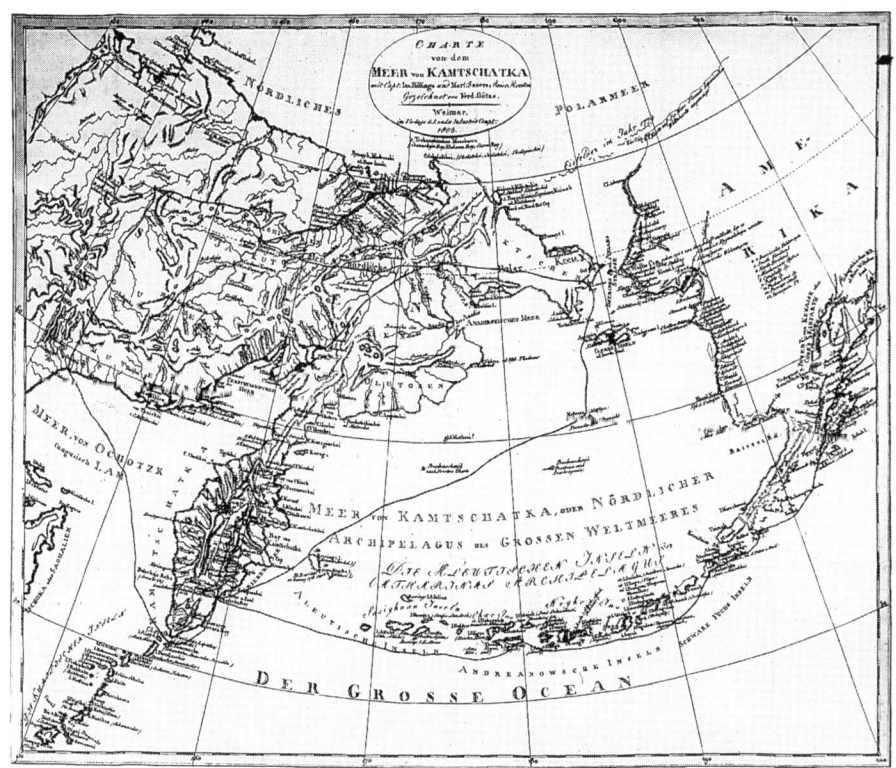

Karte von dem Meer von Kamtschatka.
Aus Billings, Reisen, Weimar 1803. Eingezeichnet wurden
die Reiserouten des Sibirienforschers von Fred Götze

Die Expedition von Billings war das letzte große Unternehmen, das von Ochotsk aus gestartet wurde. Die Ausrüstung der Expeditionen von hier aus war sehr kostspielig und zeitaufwendig, da die meisten Materialien auf dem Landweg durch Sibirien herantransportiert werden mußten. Deshalb wurden auch die nachfolgenden Expeditionen zu Beginn des 19. Jahrhunderts von Petersburg aus unternommen, so 1803 die Fahrt von Admiral Johann Krusenstiern und Juri Fjodorowitsch Lissjanski.

Obwohl Rußland durch den Besitz der Kurilen unmittelbar an die japanischen Inseln grenzte, gab es bis zur Mitte des 19. Jahrhunderts keine geregelten wirtschaftlichen und politisch-diplomatischen Beziehungen zwischen dem Russischen Reich und Japan. Versuche, Verbindungen anzuknüpfen, wurden von russischer Seite bereits 1711 unternommen. 1720 untersuchten auf Befehl Zar Peters zwei Feldmesser einige der Kurilischen Inseln. 1739 und 1742 suchte auch der Däne Martin Spanberg die Kurilen auf, von denen 21 die russische Oberherrschaft anerkannten und sich bereit fanden, Abgaben in Form von Seeotter- und Fuchsfellen sowie in anderem Pelzwerk zu zahlen.

Die in den sechziger und siebziger Jahren unternommenen Entdeckungs- und Handelsfahrten privater Kaufleute und Unternehmer förderten die Kenntnis über die Inselwelt beträchtlich. Dies galt vor allem für die Fahrten Pawel Sergejewitsch Lebedew-Lastotschkins und Grigori Schelichows. Im Juni 1779 kam ein russisches Schiff auf der Reede des Hafens vor der Insel Matmai an. Von dieser Landung existiert ein bemerkenswertes Bild, das das Zusammentreffen der russischen Besatzung mit den japanischen Inselbewohnern zeigt. Die Russen, die mit Lederbooten gekommen waren, haben die Mützen zum Gruß abgenommen, und die Japaner werden mit ihren Waffen in der Hand gezeigt. Der Führer der russischen Mannschaft war der Kaufmann Dmitri Schebalin aus Irkutsk. Auch in späteren Jahren kam es zu Begegnungen von russischen Fischfängern und Pelzjägern mit Japanern. 1792 wurde von Irkutsk aus eine Expedition unter der Führung Adam Laxmanns, des ältesten Sohnes von Akademiemitglied Erik Laxmann, nach Japan unternommen, deren Ziel darin bestand, für Rußland im Handel mit Japan weitere Vorteile zu erreichen.

Bei den wissenschaftlichen Expeditionen, die in Rußland während des 18. Jahrhunderts unternommen wurden, handelte es sich in der Hauptsache um staatlich gelenkte Unternehmungen. Seit der zweiten Hälfte des Jahrhunderts kamen auch Landeserkundungen hinzu, die von Personen durchgeführt wurden, die nur in loser Bindung zur Wissenschaft standen. Am bekanntesten wurden die Forschungen, die Alexander Iwanowitsch Fomin und Wassili Wassiljewitsch Krestinin im Gouvernement Archangelsk unternahmen. Beide gründeten im Jahre 1755 in Archangelsk eine Gesellschaft zur Erforschung der Altertümer dieses Gebiets. Angeregt von Lepjochin, sandte Fomin seine »Beschreibung der Meerestiere des Eismeers« der Akademie der Wissenschaften in St. Petersburg ein, wo die Schrift eine günstige Beurteilung erfuhr. Auf Grund seiner wissenschaftlichen Verdienste wurde Fomin im Jahre 1795 zum Korrespondierenden Akademiemitglied ernannt.

Durch Fomin und Krestinin wurden auch andere Personen zu örtlichen Landeserkundungen angeregt. Besondere Bedeutung erlangten die Materialien, die der Schweizer Arzt Dr. Jakob Fries auf seiner Reise durch Sibirien und während seines Aufenthalts in verschiedenen Gegenden Rußlands zusammentrug.

In den Aufzeichnungen von Fries finden sich wichtige Beobachtungen über Klima, Naturgegebenheiten, Pflanzen, Vogelarten, Saat, Ernte und über anderes mehr. Zusammen mit dem Volksschullehrer Stepan Rytschkow, einem Sohn Pjotr Rytschkows, verfaßte Fries auch eine Beschreibung der Stadt Ustjug Weliki.

Im Zuge der großen Akademischen Expeditionen und der anderen Forschungsreisen, die während des 18. Jahrhunderts durchgeführt wurden, nahmen Wissenschaft und Technik in Rußland einen sichtbaren Aufschwung. Die von zahlreichen Gelehrten gesammelten reichhaltigen geographischen, mineralogischen, botanischen, zoologischen und anderen Materialien sowie die neuen Erkenntnisse auf zahlreichen Gebieten ließen ein Wissenschaftspotential entstehen, das für die weitere wirtschaftliche, gesellschaftliche und kulturelle Entwicklung des russischen Imperiums von erheblicher Bedeutung war.

Verlags- und Zeitschriftenwesen

In untrennbarem Zusammenhang mit der Modernisierung des Schulwesens, der Verbesserung der Volksbildung und Förderung von Wissenschaft und Forschung stand die von Katharina II. angeordnete Erweiterung des russischen Buchwesens.[38] Seit der Mitte des 18. Jahrhunderts hatte die Zahl der Buchhandlungen in Rußland rasch zugenommen. 1747 wurde die Petersburger Akademische Typographie in zwei Druckereien aufgeteilt, in eine russische und in eine ausländische. 1753 ging die Druckerei der Marine-Akademie, die 1722 eröffnet worden war, an das neue Seekadettenkorps über. Im Jahre 1756 nahm die Druckerei der neugegründeten Universität Moskau ihre Arbeit auf, und in St. Petersburg entstand 1757 die Druckerei beim Landkadettenkorps und 1759 die Typographie bei der Artillerie- und Fortifikationskanzlei. Nach dem Regierungsantritt Katharinas II. wurde 1763 die Druckerei des Kriegskollegiums, 1764 die des Geistlichen Synods und 1765 die Typographie beim Artillerie- und Ingenieur-Kadettenkorps eingerichtet.

Gleichzeitig mit der Eröffnung neuer staatlicher Druckereien und Buchhandlungen in den beiden Hauptstädten Rußlands, die in den fünfziger und sechziger Jahren erfolgte, wurden erstmalig Druckereien und Buchhandlungen auch an

Privatunternehmer in Pacht gegeben. So betrieb in Moskau an der Universität der Kaufmann und Hofmakler Christian Ludwig Weber die dortige Druckerei mit dem dazugehörigen Buchladen. 1777 übernahm der Buchbinder Christian Rüdiger die Buchhandlung, 1779, obwohl nur für kurze Zeit, auch die Druckerei, die damals in die Hände von Nikolai Iwanowitsch Nowikow überging, der sie bis 1789, d. h. bis zu seiner Maßregelung, leitete. Von 1794 bis 1800 führte die Firma Rüdiger & Claudy im Auftrag der Universität Druckerei und Buchladen.

Auch in Petersburg machten seit der Mitte des Jahrhunderts private Druckereiinhaber, Verleger und Buchhändler von sich reden. So druckte beim Landkadettenkorps um 1770 Johann Jakob Weitbrecht, und die Druckerei des Artillerie- und Ingenieur-Kadettenkorps leitete seit 1773 Johann Karl Schnoor. Im Jahre 1776 gründeten die beiden die Druckerei Weitbrecht & Schnoor. Sie blieben jedoch nur bis 1781 zusammen und arbeiteten in der Folge wieder als getrennte Unternehmer. Schnoor erhielt bereits 1779 eine weitere Konzession zur Einrichtung einer Druckerei in Twer, und Weitbrecht wurde 1784 mit dem Druck von Büchern und Urkunden für das Kollegium der Auswärtigen Angelegenheiten und das Kaiserliche Kabinett beauftragt. Er firmierte sein Unternehmen als »Kaiserliche Druckerei«. Nachfolger beim Artillerie- und Ingenieur-Kadettenkorps wurde 1776 bis 1784 Christian Friedrich Kleen, der anfangs gemeinsam mit Bernhard Hecke arbeitete. 1783 sollte auch die neugebildete Petersburger Gouvernementsverwaltung eine eigene Druckerei erhalten, doch ist sie erst ab 1797, und zwar unter Aufsicht Pjotr Alexejewitsch Plawilstschikows, in Betrieb genommen worden. Im Jahre 1771 hatte außer den genannten Druckereibetrieben auch der Schriftgießer Johann Michael Hartung eine Genehmigung zur Einrichtung einer privaten Druckerei mitsamt einer Schriftgießerei erhalten, wohl aber nur wenige Drucke herausgebracht.

Einen zusätzlichen Auftrieb erhielt das Druckerei- und Buchwesen im Zusammenhang mit dem Wirken der Schulkommission zu Beginn der achtziger Jahre. Von ihr bekam der in St. Petersburg lebende Pächter der Senatsdruckerei, Bernhard Christoph Breitkopf, ein Angehöriger der bekannten Leipziger Verlegerfamilie, den Auftrag, die in Verbindung mit der Abfassung und Herausgabe von Schullehrbüchern notwendigen Druckarbeiten auszuführen. Der große Anfall von Druckmanuskripten machte es erforderlich, daß die Schulkommission zusätzlich die Druckerei von Jemeljan Wilkowski in Vertrag nahm. Breitkopf druckte für die Schulkommission den »Orbis pictus« des Comenius in lateinisch-russisch-deutscher und in französisch-russisch-deutscher Fassung, ferner eine russische Übersetzung von Johann Ignaz Felbigers Anleitung für Lehrer, drei geographische Lehrbücher des St. Petersburger Schuldirektors Johann Friedrich Hackmann, den Abriß einer Naturgeschichte von Wassili Fjodorowitsch Sujew, ein Physikbuch von Johann Ebert, die Weltgeschichte von Jankowitsch und Kakowkin, eine russische Fibel von Jankowitsch sowie vom selben Verfasser eine biblische Geschichte. Schnoor brachte die gesamten Statuten und Verordnungen Bezkois heraus. Das von Kaiserin Katharina II. inaugurierte »Vergleichende Wörterbuch aller Sprachen« erschien zweimal, 1787 bei Schnoor und 1790 bei Breitkopf. 1796 folgte auf Breitkopf Friedrich Brunkow. Auch bei der 1776 eröffneten Bergschule, der späteren Bergbauakademie, gab es eine Druckerei. In den Jahren 1784 bis 1787 wurde ebenso in den Druckereien von Christoph Henning, Pawel Owstschinnikow und Pjotr Iwanowitsch Bogdanowitsch gedruckt. Gleichfalls führte der Buchhändler Friedrich Meyer gelegentlich Druckarbeiten aus.

Zu einem Ereignis in der Geschichte des russischen Buchwesens im 18. Jahrhundert wurde der Ukas Katharinas II. über die Einrichtung von privaten Druckereien, der am 15. Januar 1783 erschien. In ihm hieß es: »Wir befehlen allergnädigst, die Buchdruckereien von den übrigen Fabriken und Manufakturen nicht abzusondern, und vergönnen zufolgedessen, wie in Unsern beiden Residenzen, so auch in allen Städten Unsers Reichs einem jeden, dergleichen Druckereien anzulegen, wobei er von niemandem Erlaubnis zu fordern, sondern nur die Polizei derjenigen Stadt, wo er eine solche Druckerei anlegen will, davon zu benachrichtigen hat. In diesen Druckereien mag man Bücher in russischer Sprache und in ausländischen Sprachen, die morgenländischen nicht ausgeschlossen, drucken, wobei man doch zu beobachten hat, daß in derselben nichts den göttlichen und bürgerlichen Gesetzen Zuwiderlaufendes oder auch zum öffentlichen Ärgernis Gereichendes herausgegeben werde, weswegen dann die zum Druck bestimmten Bücher von der Polizei zu attestieren und, wenn sich darin etwas unserer gegenwärtigen Verordnung Zuwiderlaufendes findet, zu verbieten sind. Im Falle man aber dergleichen Ärgernis gebende Bücher eigenmächtig druckte, sollen nicht allein die Bücher konfisziert, sondern auch die Urheber einer solchen Ausgabe unerlaubter Bücher gehörigen Orts angezeigt, damit sie für die Übertretung des Gesetzes gestraft werden.«[39]

Durch die Zulassung von privaten Druckereien vermochte sich ein vielgestaltiges Druckereiwesen zu entwickeln. Es entstanden in zahlreichen Städten und Orten des Russischen Reiches Druckereien, so in Kiew, Riga, Reval und in Ober-

*Titelblätter der von Hartwig Ludwig Christian
Bacmeister herausgegebenen »Russischen Bibliothek«,
St. Petersburg/Riga/Leipzig (ab 1772) und des
»Neuen St. Petersburgischen Journals« (1783)*

pahlen, einem kleinen Flecken in der Nähe von Dorpat. Dem
Arzt Peter Ernst Wilde gestattete die Rigaer Gouvernementsverwaltung bereits 1765/66, eine Druckerei einzurichten,
unter der Bedingung, daß er nur seine eigenen Schriften
drucken ließ und daß »selbige nichts wider der Religion, den
Staat oder die Landesgesetze« enthielten. Im Oktober 1766
begann Wilde in Oberpahlen mit den Druckarbeiten. Er
brachte Bücher und Abhandlungen in deutscher, estnischer
und lettischer Sprache heraus, darunter 1770 sein eigenes
umfangreiches Werk »Livländische Abhandlungen von der
Arzneiwissenschaft«[40].

Einen hervorragenden Platz im Verlagswesen Rußlands erlangte die Firma Johann Friedrich Hartknoch, die 1765 in Riga eine Buchhandlung zusammen mit einer Druckerei eröffnete. Neben Hartknoch wirkten auch andere Verleger und Buchhändler. Zu ihnen gehörte Johann Zacharias Logan, der sein Geschäft in Petersburg hatte. Er wurde durch die Herausgabe der Zeitschrift »Der Beobachter« bekannt, von deren Jahrgang 1781 jedoch nur einige Stücke erschienen. Eine Sonderstellung bekleidete der Pädagoge August Witzmann, seit 1776 Inhaber eines Bildungsinstituts in Petersburg, der gleichzeitig einen kleinen Buchhandel und eine Leihbibliothek betrieb. Einen Teil der Lehrbücher für sein Institut verfaßte er selbst und ließ sie bei Breitkopf und Plawilstschikow drucken. Witzmann brachte 1778 auch die kurzlebige Zeitschrift »St. Petersburger Wochenschrift« heraus. Mehr Glück hatte der Dichter Johann Gottlieb Willamow mit seiner moralischen Wochenzeitschrift »Spaziergänge«, die er ab 1772 erscheinen ließ, wobei er es auf 26 Stücke mit insgesamt 400 Seiten brachte. Überragende Bedeutung erlangte die von Hartwig Ludwig Christian Bacmeister von 1772 bis 1787 herausgegebene »Russische Bibliothek«[41], ein Referate- und Nachrichtenorgan in elf Bänden, das bis zum heutigen Tag ein unentbehrliches Quellenwerk und Forschungshilfsmittel darstellt. In die gleiche Reihe gehörten das von Christian Gottlieb Arndt geleitete »St. Petersburgische Journal« und die Fortsetzung »Das Neue St. Petersburgische Journal«, die in den Jahren 1776 bis 1784 erschienen, sowie die von August Wilhelm Hupel 1781 bis 1791 herausgegebenen »Nordischen Miszellaneen« und »Neuen Nordischen Miszellaneen«, die als Fortsetzung 1792 bis 1797 herauskamen. Ein wichtiges Nachschlagewerk stellte auch die dreibändige »Livländische Bibliothek« Friedrich Konrad Gadebuschs von 1777 dar.

Auch bei der Herausgabe von Zeitungen, Zeitschriften und anderen Periodika in Rußland erwarb sich die Petersburger Akademie der Wissenschaften besondere Verdienste. Bereits 1727 wurde die Akademiedruckerei durch Zusammenlegung mit anderen Petersburger Typographien zur Hauptdruckerei Rußlands. Durch einen Brand im Akademiegebäude, der 1747 ausbrach, fielen zahlreiche Dokumente der Vernichtung anheim, die wichtige Nachrichten über die Anfänge der Akademiedruckerei enthielten, so daß eine völlige Rekonstruktion der ersten Schritte der Typographie nicht mehr möglich ist.

Zu den ersten Publikationen, die die Akademiedruckerei herausbrachte, gehörte die »St. Petersburgische Zeitung«[42], die seit 1727 in deutscher Sprache ohne Unterbrechung bis zum Jahre 1915 erschien, ab 1831 als Tageszeitung, seit 1859 von einem Pächter geleitet, nach 1874 herausgegeben von einem Privatbetrieb in direktem Auftrag des Ministeriums für Volksaufklärung. Die »St. Petersburgische Zeitung« kam gleichzeitig 1727 in russischer Ausgabe unter dem Titel »St. Peterburgskije Wedomosti« heraus. Sie trug offiziellen Charakter und enthielt eine Fülle von Materialien aus den verschiedensten Gebieten von Wirtschaft, Gesellschaft, Kultur und Politik. So brachten bereits die ersten Nummern der Zeitung auch Inserate über den Verkauf ausländischer und russischer Bücher im Akademischen Bücherladen, Bekanntmachungen über Veranstaltungen von Puppenspielern, den Verkauf exotischer Vögel und Tiere, ebenso Angebote zum Verkauf von Leibeigenen und anderes mehr. Die ersten Redakteure waren Christoph Friedrich Groß, Johann Simon Beckenstein und Gerhard Friedrich Müller.[43]

Seit März 1788 ergänzte man die russische Ausgabe durch eine Beilage, die in der Folge als selbständige Zeitung unter dem Titel »Historische, genealogische und geographische Anmerkungen zur Zeitung« von 1729 bis 1742 erschien. Bei den »Anmerkungen« handelte es sich um populär gehaltene Artikel, in denen bestimmte Probleme, die in der Zeitung zur Sprache kamen, näher erläutert wurden. Die »Anmerkungen« fanden einen breiten Leserkreis und mußten in den sechziger Jahren mehrmals nachgedruckt werden. Unter den Autoren der »Anmerkungen« befanden sich die Namen bekannter Persönlichkeiten, so von Tatischtschew, Kantemir, Lomonossow, Trediakowski und Sumarokow.

In den fünfziger und sechziger Jahren nahm das Zeitschriftenwesen in Rußland einen bemerkenswerten Aufschwung. Die Akademie der Wissenschaften gab unter der Redaktion von Gerhard Friedrich Müller 1755 bis 1764 in russischer Sprache die »Allmonatlichen Schriften zum Nutzen und Vergnügen« heraus. Bei der Gründung dieser kulturpolitischen Monatsschrift spielten auch Anregungen eine Rolle, die von Gottsched kamen, der in Leipzig die Zeitschrift »Das Neueste aus der anmutigen Gesellschaft« erscheinen ließ, worin zahlreiche Beiträge über russische Literatur, Geschichte und Kunst enthalten waren.

Die »Allmonatlichen Schriften« brachten sowohl Originalbeiträge als auch Übersetzungen von Werken zur Geschichte, Sprache und Literatur. Auch Abhandlungen über Themen der Wirtschaft und der industriellen Produktion fanden Aufnahme. Ab 1763 erschienen zudem Anzeigen von Neuerscheinungen. Insgesamt ließen die akademischen »Allmonatlichen Schriften« bereits klar die engen Verbindungen deutlich werden, die zwischen der russischen Wissenschaft und der Wissenschaft des Auslands bestanden. Erschienen in den Petersburger »Allmonatlichen Schriften« mehr und mehr deutsche, französische und englische Arbeiten in russischer Übersetzung, so brachten die ausländischen kulturpolitischen Zeitschriften gleichzeitig immer häufiger Abhandlungen von russischen Verfassern in ihren Sprachen heraus.

Die Petersburger Akademiepublikationen fanden bereits zum Zeitpunkt ihres Erscheinens weite Verbreitung. Eine wichtige Rolle hierbei spielten der Leipziger Büchermarkt und die dortigen Vermittlerfirmen Schuster und Breitkopf, die den ausländischen Gelehrten die russischen Publikationen zugänglich machten. Neben dem Versand der aus Petersburg kommenden Akademieveröffentlichungen an einzelne Wissenschaftler bot in den dreißiger Jahren Jakob Schuster in seinem Leipziger Buchladen auch direkt russische Bücher zum Verkauf an. Die Schustersche Buchhandlung lieferte zudem Hilfsmittel für die Erlernung der russischen Sprache. So wurde schon Anfang 1732 das bekannte, 1731 in Petersburg erschienene und von Wassili Jewdokimowitsch Adadurow überarbeitete Weismannsche Wörterbuch angeboten, ein deutsch-lateinisch-russisches Lexikon, das auch eine russische Elementargrammatik enthielt. Ebenso stellte Schuster Arbeiten von Petersburger Akademiemitgliedern und anderen russischen Autoren in den Fenstern seines Buchladens aus.

In Moskau führte das Wirken der neuen Universität zu einem Aufschwung im Publikations- und Zeitschriftenwesen. Lomonossow und andere Gelehrte setzten sich mit Nachdruck dafür ein, die an der Universität bestehende Druckerei auszubauen und so zu erweitern, daß sie den erhöhten Anforderungen zu entsprechen vermochte. Es ging darum, nicht nur zu lehren und auszubilden, sondern die Universität gleichzeitig zu einem großen Forschungs- und Bildungszentrum Rußlands zu entwickeln.

Die »Moskowskije Wedomosti« vom 26. April 1756

Bereits im Jahre 1756 brachte die Universität eine eigene
Zeitung heraus, die »Moskowskije Wedomosti« (Moskauer
Nachrichten), die bis zum Jahre 1800 erschien. Wenige Jahre
später veröffentlichte man zahlreiche andere Zeitungen, Zeitschriften und Lehrbücher sowie eine Fülle von wissenschaftlichen und populärwissenschaftlichen Werken, die einen
maßgeblichen Einfluß auf das nationale Selbstbewußtsein
und die Meinungsbildung der Bevölkerung Rußlands ausüb-
ten. Unter den von den Universitätsangehörigen herausgegebenen Schriften befanden sich auch zahlreiche Werke, die
über das Leben in anderen Ländern berichteten, unter diesen
wiederum nicht wenige Übersetzungen.

Aus der Masse der Übersetzungswerke interessierten die
russischen Leser vor allem geographische Schriften, Reisebeschreibungen und Darstellungen der Geschichte anderer
Länder. Ebensolches Interesse fanden philosophische Schriften. Und schließlich kam auch die Unterhaltungsliteratur
nicht zu kurz. So finden sich in der Liste der von der Universitätstypographie herausgegebenen Übersetzungswerke das
Berliner »Vademekum für lustige Leute«, das 1773 aufgelegt
wurde, das zweibändige Werk »Amsterdamer Markt oder
alles, was der Kaufmann und Bankier wissen muß« von
1762/63, Bücher zur Musikgeschichte und andere Schriften
mehr. 1771 wurde ein Bücherkatalog in russischer, lateinischer, deutscher und französischer Sprache herausgegeben,
der beim Buchbinder Christian Rüdiger zu kaufen war. Für
die Werbung sorgten die »Moskowskije Wedomosti«, die lau-
fend über Neuerscheinungen informierten.

Die Angehörigen der verschiedenen Schichten und Gruppen der russischen Gesellschaft nahmen die aus der Lektüre
ausländischer Werke gewonnenen Anregungen und Erkennt-

nisse verständlicherweise unterschiedlich auf. In der aristokratischen Oberschicht fanden nicht selten ausländische
Moden und Manieren vorrangige Aufmerksamkeit. Viele
Leser hingegen bemühten sich, von anderen Völkern und
Menschen zu lernen und das Gelernte für sich nutzbar zu
machen. Im Jahre 1779 übernahm Nowikow die Leitung der
Druckerei der Moskauer Universität. Seine Moskauer Tätigkeit, die ein Jahrzehnt währte, stellt eines der hervorragendsten Kapitel der russischen Kulturgeschichte des 18. Jahrhunderts dar.

Nikolai Iwanowitsch Nowikow[44], Sohn eines Gutsbesitzers, begann nach seinem Austritt aus dem Militärdienst und
einer kurzen Tätigkeit als Jurist sich journalistisch zu betäti-
gen und als Satiriker den Kampf mit den ihn umgebenden
Ungerechtigkeiten aufzunehmen. Er stellte sich die Aufgabe,
durch Volksaufklärung für die Würde des Menschen einzutreten und einen Beitrag zur moralischen Erziehung des Menschengeschlechts zu leisten. In diesem Sinne kritisierte Nowikow in den von Ende der sechziger bis Anfang der siebziger
Jahre in Petersburg herausgegebenen satirischen Zeitschriften
»Die Drohne« (1769/70), »Der Maler« (1773/74), »Die Geld-
börse« (1774) und in anderen Journalen in unübertroffener
Schärfe die Willkür der Gutsbesitzer, die Unwissenheit,
Roheit, Verschwendungssucht, moralische Verkommenheit
und blinde Anbetung der französischen Kultur durch den
Adel. Nowikows besondere Aufmerksamkeit galt den Aus-
wüchsen des Leibeigenschaftssystems. In einem fiktiven
Briefwechsel eines Landedelmanns mit seinem in der Stadt
lebenden Sohn ließ er in betonter Naivität und realistischer
Anschaulichkeit das schwere Los der Leibeigenen, die seeli-
sche Grausamkeit des ungebildeten rohen Gutsbesitzers

Nikolai Iwanowitsch Nowikow.
Gemälde von Iwan Grigorjewitsch Lewizki

sowie die ungezügelten, derben Ausschweifungen des Land-
adels sichtbar werden. In Nowikows Schriften wurden mit
Eindringlichkeit und realistischer Detailtreue die Armut der
leibeigenen Bauern, das Innere ihrer menschenunwürdigen
Behausungen, das trostlose Schicksal ihrer Kinder sowie die
Angst und Hilflosigkeit gegenüber ihren Herren geschildert.
Zusammen mit Nowikow kämpften Denis Iwanowitsch Fonwisin, Luka Iwanowitsch Sitschkarjow, Wassili Grigorjewitsch Ruban, Wassili Iwanowitsch Maikow und andere für
die Schaffung von menschenwürdigen Lebensverhältnissen
für das russische Volk.

Seit ihrer gewaltsamen Thronbesteigung im Jahre 1762
unternahm Kaiserin Katharina II. alle Anstrengungen, um die
öffentliche Meinung im In- und Ausland für ihre Politik zu
gewinnen. Dabei erkannte sie klar, welche Bedeutung den
literarischen und kulturpolitischen Zeitschriften des eigenen
Landes in dieser Hinsicht zukam, deren lange Reihe mit den
von der Akademie der Wissenschaften in St. Petersburg seit
1755 herausgegebenen »Allmonatlichen Schriften zum Nutzen und Vergnügen« begann. Sie gründete daher 1769 eine
eigene satirische Zeitschrift, der sie den Titel »Allerlei« gab
und für die sie die meisten Beiträge selbst schrieb. Die Her-
scherin wußte zu diesem Zeitpunkt nicht, daß sie mit ihrer
Zeitschrift eine Lawine ungeahnter Breite und Gefährlichkeit
auslöste und damit die erste Blütezeit der russischen satirischen Zeitschriften von 1769 bis 1774 ermöglichte. Allein
1769 erschienen acht solcher Journale, darunter Nowikows
berühmte »Drohne«, die den Kampf mit Katharinas »Allerlei« aufnahm. Gleich Nowikow nutzten auch andere Denker,
so Soziologen, Staatsrechtler, Philosophen, Historiker und
Dichter, den von der Kaiserin offiziell proklamierten Mei-

Titelblatt der satirischen Zeitschrift
»Die Drohne« (1769)

nungsstreit zu konzentrischen Angriffen auf die Mißstände ihrer Umgebung. Die Folge war, daß Katharina II. Anfang der siebziger Jahre das weitere Erscheinen von Nowikows Zeitschriften verbot.

Dadurch sah sich Nowikow genötigt, seine Tätigkeit auf eine andere Ebene zu verlagern. Schon 1772 hatte er die »Gesellschaft zur Förderung des Buchdrucks« ins Leben gerufen und mehrere Gelehrte für eine Mitarbeit gewonnen. 1779 verlegte er seine Tätigkeit von Petersburg nach Moskau, wo er als Pächter die Leitung der dortigen Universitätsdruckerei übernahm. In wenigen Jahren arbeitete sich Nowikow auf den Platz des ersten und größten Verlegers Rußlands vor, den er bis zum Ende der achtziger Jahre behauptete. Er beschäftigte in seinen Druckereien zeitweilig mehr als 100 Arbeitsleute und brachte innerhalb eines Jahrzehnts über 1000 Bände wissenschaftlicher, pädagogischer, kulturpolitischer und populärwissenschaftlicher Literatur heraus. Gleichzeitig richtete er in Moskau und in den benachbarten Städten ein ausgedehntes Netz von Buchhandlungen und öffentlichen Bibliotheken ein.

Nowikow und seine Freunde entfalteten seit Anfang der achtziger Jahre auch eine umfangreiche Tätigkeit auf dem Gebiet der Wohltätigkeit. Sie eröffneten eine Apotheke und gaben unentgeltlich Arzneimittel an Arme und Bedürftige aus. Er war es auch, der darauf hinwies, daß es nicht nur notwendig sei, für die Erforschung der russischen Geschichte und die Erhaltung der historischen Denkmäler Sorge zu tragen, sondern daß man sich auch um die unmittelbaren Nöte der breiten Massen und deren Bedürfnisse kümmern müsse.

Nowikow entwickelte als Verleger und Buchhändler eine Tätigkeit großen Stils. Unter seiner Anleitung und Aufsicht

druckte man zahllose Klassiker der Weltliteratur, mit denen
der russische Leser dadurch erstmalig bekannt wurde. Ebenso veröffentlichte er zahlreiche Schriften russischer Gelehrter
und Schriftsteller. Einen breiten Raum nahmen in Nowikows
Verlagsprogramm die Lehrbücher ein. Von den zwischen
1771 und 1790 in Rußland erschienenen etwa 4000 Buchtiteln
wurden etwa 1000 allein von Nowikow in Moskau herausgegeben. Gab es 1768 in Moskau und in Petersburg je eine Buchhandlung, so bestanden am Ende des Jahrhunderts in Petersburg 30 und in Moskau 20 Buchhandlungen. Die in den
beiden genannten Städten in diesem Zeitraum erschienenen
Zeitungen und Zeitschriften veröffentlichten regelmäßig
Anzeigen der Neuerscheinungen, und zwar sowohl der in
Rußland als auch im Ausland herausgegebenen Werke. In der
zweiten Hälfte des 18. Jahrhunderts gab es auch in Rußland
Schriftsteller, die ihren Lebensunterhalt aus Veröffentlichungen von literarischen Artikeln, Aufsätzen und Büchern
bestritten.

Mit der Übernahme der Universitätstypographie wurde
Nowikow auch Herausgeber der »Moskowskije Wedomosti«,
deren Programm er in der Folge beträchtlich erweiterte. So
brachte es Nowikow zuwege, daß die Zahl der Abonnenten
für die »Moskowskije Wedomosti« sich rasch von 600 auf 4000
erhöhte. Weniger bemittelte Abonnenten teilten sich nicht selten in die Kosten eines Exemplars. Die Einkünfte aus diesem
Geschäft kamen in hohem Maße Schulen und Apotheken
zugute. Um die Zahl der Druckereierzeugnisse zu erhöhen,
erweiterte Nowikow beständig seine Typographie. Als Kaiserin Katharina II. durch ihren Ukas von 1783 erlaubte, private
Druckereien zu eröffnen, gründete Nowikow mit Freunden
aus dem Kreis der Freimaurer zwei zusätzliche Typographien.

Einen breiten Raum in den Zeitschriften und in den anderen von Nowikow herausgegebenen Publikationen nahmen Probleme der Erziehung und der Schule ein. Von besonderer Wichtigkeit waren Nowikows Veröffentlichungen zur Kindererziehung sowie die Herausgabe einer Kinderliteratur, wie die von 1785 bis 1789 erschienene erste russische Kinderzeitschrift »Kinderlektüre für Herz und Verstand«, die als Beilage der »Moskowskije Wedomosti« erschien. In Nowikows Kinderliteratur spielten die pädagogischen Auffassungen von John Locke und Jean-Jacques Rousseau eine zentrale Rolle. Zugleich setzte Nowikow seine Menschenliebe in die Tat um, wenn er Armen- und Krankenasyle schuf und für Bedürftige Geld sammelte. Nowikows Tätigkeit in Moskau wurde von zahlreichen Persönlichkeiten unterstützt.

Im Oktober 1782 brachte der Moskauer Universitätsverlag eine elfseitige Broschüre heraus, die sich an »alle Liebhaber der Wissenschaften und Förderer der Gelehrsamkeit« wandte und zur Eröffnung der »Gesellschaft gelehrter Freunde« einlud, deren Zielsetzung in dem beigefügten Programm, das in lateinischer und russischer Sprache abgefaßt war, dargelegt wurde. Die Begründer der Gesellschaft gelehrter Freunde waren Nowikow und der aus Siebenbürgen gebürtige Johann Georg Schwarz[45], der als Professor an der Universität wirkte. Die Vereinigung stellte sich das Ziel, eine Tätigkeit im Sinne philanthropischer Ideen zu entfalten. In dieser Aufgabenstellung sahen die Gründer der Gesellschaft das sicherste Mittel, um eine größere Anzahl von Studenten auszubilden und diese dadurch zu nützlichen Gliedern der Gesellschaft zu machen. Vorrangige Aufgaben waren die Verbreitung angemessener Erziehungsgrundsätze, die Herausgabe von Lehrbüchern und die Eröffnung neuer Lehranstalten. Außerdem sollten

»die berühmtesten ausländischen gelehrten Männer« zur Mitarbeit gewonnen und mit »etlichen von ihnen ein wissenschaftlicher Briefwechsel« angebahnt werden. Besonderer
Wert wurde auf die Ausbildung von russischen Lehrern
gelegt.

Die Moskauer *Gesellschaft gelehrter Freunde* war eine
eigentümliche private Organisation von Persönlichkeiten, die
auf die Kulturentwicklung, die moralische Erneuerung und
Besserung der russischen Gesellschaft Einfluß zu nehmen
suchte. Die Sozietät verdankte ihre Entstehung nicht einem
Einfall von Nowikow oder Schwarz, sondern die Idee hierzu
war ein ganzes Jahrzehnt hindurch bei mehreren Persönlichkeiten gereift, die Mitglieder der gelehrten Vereinigung wurden. Neben dem Nowikow-Kreis gab es auch andere Sam-
melpunkte Intellektueller, die andere Ziele verfolgten. Der
bedeutendste dieser Zirkel bestand aus Nikolai Alexandrowitsch Lwow, Gawriil Romanowitsch Dershawin, Wassili
Wassiljewitsch Kapnist und Iwan Iwanowitsch Chemnitzer.
Sie scharten sich in den Jahren 1778 bis 1781 um die Zeitschrift »St. Petersburger Bote«. Der Verbindungsmann zum
Nowikow-Kreis war Michail Nikitsch Murawjow.

Die Mitglieder der Gesellschaft gelehrter Freunde waren
keine Revolutionäre, die den politischen Kampf suchten, sondern sie setzten sich für die Selbstverwirklichung der Persönlichkeit, für die Verbreitung »wahrer Aufklärung«, für Selbst-
erkennen, Gotteserkenntnis und moralische Bildung der
Menschen ein. Diese Gedankengänge waren auf das stärkste
vom Geist des Utopismus erfüllt und wurzelten im mystischen
Suchen und Grübeln. Als Aufklärer des 18. Jahrhunderts
wandte sich Nowikow ebenso wie seine Gesinnungsgenossen
nicht gegen die Institution der zarischen Selbstherrschaft

schlechthin, sondern lediglich gegen deren Formgestalt, die sie unter Katharina II. angenommen hatte. Er erhoffte sich im Thronfolger Paul den »wirklichen« aufgeklärten Monarchen, der dem Volk das langersehnte Befreiungsgesetz bringen würde.

Nowikows Denken war nicht frei von Widersprüchen. Nach eigenem Zeugnis suchte er immer wieder nach der Wahrheit. Dabei schwankte er zwischen Voltaireanismus und Religion hin und her und fand nichts, auf das er sich »in seinem Seelenfrieden« hätte stützen können. So führte das geistige Suchen Nowikow bereits um die Mitte der siebziger Jahre zur Freimaurerei und zum Eintritt in die Loge. Eine Rolle hierbei spielte zweifellos der Pugatschow-Aufstand, der auch Nowikow im Innersten aufwühlte. Sein religiöses Empfinden lehnte zwar jede Gewalttätigkeit im Kampf gegen das Böse ab, aber sein lauterer Charakter, seine Menschenliebe und sein Tatwille drängten ihn dazu, einen Weg zu finden, der die Möglichkeit bot, schrankenloser Willkür entgegenzuwirken. So hatte Nowikow von einem Buch gehört, in dem auf alle Fragen der Gesellschaft des Lebens und des Herzens ausreichende Antworten gegeben würden. Der Verfasser des Buches war der französische Theosoph und Philosoph Louis-Claude Marquis de Saint-Martin, dessen mystische Lehre den Menschen als Geisteswesen und Abbild Gottes auffaßte.

Saint-Martins 1775 erschienenes Werk sollte bei den russischen »Martinisten« eine bedeutsame Rolle spielen. Sein Titel lautete: »Von den Irrtümern und der Wahrheit oder Aufruf des Menschengeschlechts zum Urgrund des Wissens.«[46] Die neue Version von Freimaurerlehre entband von der Verantwortung für die Nichtbeteiligung am entschlossenen Wider-

Michail Matwejewitsch Cheraskow.
Stich eines unbekannten Künstlers

stand gegen das Böse in jenen Fällen, wo Gewissen und Verstand ihn forderten, und bot zugleich ein eigenartiges, pseudowissenschaftlich begründetes Moralsystem.

Die *Freimaurerei*[47], die bereits in den dreißiger Jahren des 18. Jahrhunderts auch ins Zarenreich eingedrungen war, begann sich in den siebziger und achtziger Jahren in den gebildeten Kreisen der russischen Gesellschaft mit Ungestüm zu verbreiten. Der kaiserliche Kabinettssekretär Iwan Perfiljewitsch Jelagin wurde Großmeister der russischen Logen. Der Direktor der Universität Moskau, der Dichter Michail Matwejewitsch Cheraskow, war eifriges Mitglied eines Freimaurerordens. Die hervorragendsten Männer des Russischen Reiches ließen sich in Logen aufnehmen. Die Zentren, in denen freimaurerisches Gedankengut verbreitet wurde, befanden sich in St. Petersburg und Moskau. Die Moskauer

Freimaurerei erhielt durch das Wirken Nowikows und seiner Gesinnungsgenossen spürbare Impulse. Eine bedeutende Rolle als Förderer der Freimaurerei spielte der mächtige Kulturmäzen Fürst Nikolai Nikititsch Trubezkoi. Unter seiner aktiven Mitwirkung kam es innerhalb der Freimaurer in Moskau zur Herausbildung eines Leitungszentrums, das eine Neuordnung des Logensystems auf der Grundlage der Lehren der deutschen Rosenkreuzer vornahm.

Engere Beziehungen zu den Berliner Rosenkreuzern knüpften die Moskauer Freimaurer in den Jahren 1781 und 1782 an. Die Vermittlung übernahm Schwarz. Er und Nowikow arbeiteten eng zusammen. In dem im November 1779 eingerichteten Pädagogischen Seminar lernten etwa 30 Schüler, darunter die späteren Metropoliten Michail und Serafim. Im März 1781 gründete Schwarz mit Unterstützung seines Freundes Nowikow eine Vereinigung von Universitätsstipendiaten. Auch die Einrichtung eines Übersetzerseminars erfolgte auf seine Anregung. An der Universität gab Schwarz zudem ein Mitteilungsblatt heraus, worin er über verschiedene Wissenschaftsgebiete informierte.

Die Vorlesungen, die Schwarz an der Universität hielt, waren nach Aussagen von Hörern äußerst wirkungsvoll. In den Jahren 1782 und 1783 las er mehrmals über Philosophie. Schwarz fußte in seinen Auffassungen auf der deutschen Mystik, so auf Thomas a Kempis, Johann Arndt, Angelus Silesius und vor allem auf Jakob Böhme. Auch die Gedankengänge der Rosenkreuzer und Saint-Martins mochten seine Geisteshaltung mehr oder weniger stark beeinflußt haben. Ausgehend von dieser spiritualistischen Basis polemisierte Schwarz heftig gegen die französischen Enzyklopädisten und Materialisten, so besonders gegen Lamettrie und Helvétius

Russischer Bauer. Aus Johann Gottlieb Georgi, »Beschreibung aller Nationen des Rußischen Rei-
s«, St. Petersburg 1776

13 Jakutisches Mädchen. Aus Georgi, »Beschreibung aller Nationen des Rußischen Reiches«. Petersburg 1776

15 Baschkirin (links) und Frau aus Kamtschatka. Aus Georgi, »Beschreibung aller Nationen ...«

17 Ostjakischer Hermelinfänger (links) und Kirgise zu Pferde (rechts). Aus Georgi, »Beschrei-
g aller Nationen ...«

18 Prospekt einer Moskauer Barriere. Stich von Geißler, um 1804

9 Wladimir Lukitsch Borowikowski,
orträt der Marija Lopuchina, 1797.
taatliche Tretjakow-Galerie, Moskau

0 Fjodor Stepanowitsch Rokotow,
orträt der A. P. Struiskaja, 1772. Staat-
che Tretjakow-Galerie, Moskau
echts)

1 Michail Schibanow, Feier der Ehe-
hließung, 1777. Staatliche Tretjakow-
alerie, Moskau (unten)

22 Étienne-Maurice Falconet, Denkmal Peters I. in St. Petersburg, Bronze, 1775–1777, aufgeste
1782. Stich aus Johann Richter (Hrsg.), »Ansichten von St. Petersburg und Moskau«, Leipzig 180₄

sowie gegen andere Philosophen. Von den Zeitgenossen fanden bei Schwarz ausdrückliche Anerkennung Johann Kaspar Lavater und Johann Georg Hamann, der von dem Moskauer Universitätsprofessor als ein »neuer Böhme« gepriesen wurde. Nach Schwarzens Auffassung brauche es zwischen Glauben und Verstand, Philosophie und Theologie keinen Kampf zu geben.

Wenige Monate nach dem Tode von Schwarz, der im Februar 1784 im Alter von erst 33 Jahren in der Nähe von Moskau starb, am 1. September 1784, gründete Nowikow zusammen mit 15 freimaurerischen Freunden die »Typographische Kompanie«, und zwar als Aktiengesellschaft, bestehend aus zwei Druckereien und 20 Pressen, ausgerüstet mit einem großen Stab von Autoren, Übersetzern, Redakteuren und Druckern. Die Typographische Kompanie entfaltete alsbald eine fruchtbare Tätigkeit, druckte zahlreiche Bücher und eröffnete mehrere neue Buchhandlungen. Mit den Arbeitsergebnissen seiner Typographischen Kompanie stand Nowikow in deutlicher Konkurrenz zu den kulturpolitischen Ambitionen der Kaiserin Katharina II., die bereits zu Beginn der siebziger Jahre die Herausgabe einer »Sammlung zur Beförderung der Übersetzung fremdländischer Bücher in die russische Sprache« angeregt hatte.

Unter den russischen Freimaurern befanden sich ungewöhnlich viele Literaten, Philosophen und Historiker. Die Zarin nannte die Freimaurer zynisch »Affen« und verfaßte gegen sie mehrere Schriften, darunter die Komödien »Der Betrüger«, »Der Verblendete« und »Der sibirische Schamane«. In ihren Briefen an Friedrich Melchior Grimm bezeichnete sie die Freimaurerei als eine der »größten Tollheiten« in der Geschichte des Menschengeschlechts. Dabei war Katha-

rinas Verhalten gegenüber den russischen Freimaurern nicht
frei von Widersprüchen. So sah sie in ihnen einerseits Agen-
ten des Obskurantismus, andererseits verdächtigte sie sie revo-
lutionär-umstürzlerischer Machenschaften. Seit 1784 begann
die Kaiserin mit Repressalien gegen die Freimaurer, die sich
unter dem Eindruck der Französischen Revolution von 1789
drastisch verstärkten. In diesen Jahren spitzte sich auch der
Konflikt zwischen der Herrscherin und dem Thronfolger
Paul zu, dessen Hof in Gattschina die Kaiserin bereits seit lan-
gem als eine Brutstätte freimaurerischer Palastverschwörun-
gen beargwöhnte.

Nachdem die Französische Revolution ihr das schädliche
Wirken der russischen »Martinisten« zu beweisen schien,
ging Katharina II. zum Angriff gegen die Freimaurer über. Zu
den Martinisten im Zarenreich gehörten nach ihrer Meinung
in vorderster Reihe Persönlichkeiten wie Nowikow, dessen
Wirken nun ein jähes Ende gesetzt wurde. Die Herrscherin
beschuldigte auch die Gesellschaft gelehrter Freunde und die
Typographische Kompanie, an deren Spitze Nowikow stand,
staatsgefährdender Umtriebe. Im April 1792 wurde Nowikow verhaftet und in der Schlüsselburg eingekerkert. Erst
vier Jahre später, nach dem Tode Katharinas II., erhielt er von
Kaiser Paul die Freiheit wieder. Jedoch verließ er den Kerker
als gebrochener Mann. Die letzten Lebensjahre verbrachte
Nowikow in Zurückgezogenheit auf seinem väterlichen Gut
Awdotjino bei Moskau. Noch im Jahre 1812 soll er sich
bemüht haben, erschöpften Soldaten Napoleons als Samariter
zu helfen. Er starb am 31. Juli 1818.

Literarisches Schaffen

Katharina II., die sich selbst literarisch betätigte[48], war weder Philosophin noch Dichterin, auch wenn sie moralische und staatsrechtliche Traktate sowie Theaterstücke verfaßte und eine satirische Zeitschrift herausgab. Dem literarischen Schaffen stand sie äußerst aufgeschlossen gegenüber. Dafür haben ihr die Zeitgenossen im In- und Ausland frühzeitig Beifall gezollt. Die Zarin zog talentierte Dichter an ihren Hof, die die Herrscherin in überschwenglichen Lobeshymnen besangen. Ungeachtet dessen kam es mit dem Heranwachsen einer neuen Schriftstellergeneration zu erkennbaren Ansätzen einer gesellschaftskritischen Literatur, die die in Rußland herrschenden Zustände scharf ablehnte. Diese von der Kaiserin sowohl geförderte als auch behinderte nationale Literatur und Publizistik sollte im Zarenreich bald eine gefürchtete Macht darstellen.[49]

Ein besonderer Platz unter den russischen Dichtern um die Mitte des 18. Jahrhunderts gebührt Michail Wassiljewitsch Lomonossow. In der Tat wurde der vielseitige Gelehrte von den Zeitgenossen als bedeutender Gesetzgeber der russischen Literatursprache und Lyriker gefeiert, der ein neues ästhetisches Bewußtsein verkörperte. Lomonossow faßte die Poesie »als Orakel eines höheren, erhabenen Lebens, als Herold alles Hohen und Großen« auf. Dabei war die literarische Tätigkeit für ihn untrennbarer Bestandteil seiner vielseitigen wissenschaftlichen Arbeit. In einem Rechenschaftsbericht an die Akademieleitung führte er neben Forschungen über das Vakuum, den Glanz der Metalle, das Quecksilber, das Fernrohr und die russischen Chroniken auch 22 Oden, 13 Gedichte, zwei Poeme und zwei Tragödien auf. Mit seiner normativen Rhetorik, Grammatik und Regelpoetik des russischen Verses und literarischen Stils gab er der russischen Dichtkunst eine feste Grundlegung. Ebenso schuf er die Voraussetzungen für die Entwicklung einer modernen russischen naturwissenschaftlichen und technischen Terminologie.

Einen der ersten Plätze als klassizistischer Dramatiker Rußlands nahm Alexander Petrowitsch Sumarokow ein. Sein Anliegen bestand darin, mit Hilfe der bildenden und erzieherischen Funktion der Literatur dem Wohl der russischen Nation zu dienen, als deren Grundpfeiler er den Adel betrachtete. Er bekannte sich zu den Ideen der aufgeklärten Autokratie und lehnte die Aufhebung der Leibeigenschaft ab. Gleichzeitig prangerte er, so in seiner Satire »Über den Adel« von 1771/1772, die dem Allgemeinwohl schädlichen Untugenden und Unsitten seines Standes an, und in seinem »Chor über die verkommene Welt« brachte der Dichter die Sehnsucht des einfachen Volkes nach einem Land zum Ausdruck, in dem es keine bestechlichen, ungerechten und habgierigen Beamten und Richter gab, keine Steuereintreiber und Menschenschinder, in dem Bauern, Bürger und Adlige gleichermaßen für das Wohl des Vaterlandes wirkten.

Wie schon Trediakowski, so suchte auch Sumarokow in seinen theoretischen Arbeiten die russische Literatur als Teil des weltliterarischen Prozesses zu begreifen und ihr den ihr gebührenden Platz zuzuweisen. Zu diesem Zweck beschäftigte er sich intensiv mit der Vorbildwirkung der französischen Literatur. Dieser komme, so meinte er, das unbestreitbare Verdienst zu, die not-

Alexander Petrowitsch Sumarokow.
Porträt von Fjodor Stepanowitsch Rokotow

wendigen Maßstäbe für eine moderne Literatur gesetzt zu haben. Gleichzeitig sah er in der französischen Klassik die legitime Erbin der besten aus der Antike und dem Mittelalter überkommenen Traditionen, ohne dabei in eine primitive Gallomanie zu verfallen. Das Schaffen Lomonossows und Sumarokows stellte in der russischen Literatur den Höhepunkt des Klassizismus in Rußland dar. In ihren Werken wurde die Herausbildung des russischen Nationalbewußtseins bedeutend gefördert.

In den sechziger Jahren trat in Rußland eine neue Schriftstellergeneration in Erscheinung, die ihre Ausbildung an Gymnasien und Fachschulen sowie an der Universität Moskau erworben hatte. Mit ihr war gleichzeitig ein ernstzunehmendes aufnahmefähiges Leserpublikum entstanden, das sich zu einem großen Teil aus Angehörigen der Kaufmannschaft, des Beamtentums sowie der Lehrer- und Studentenschaft zusammensetzte. Die Buchproduktion wuchs schlagartig. Die mangelnde Fremdsprachenkenntnis, die in den neuen Leserkreisen im Vergleich zum weit kultivierteren Adel vorherrschte, machte Übersetzungen der wichtigsten zeitgenössischen ausländischen Autoren zu einem lukrativen Geschäft. Auch in Rußland nahm nun die Literatur, insbesondere die massenwirksame Trivialliteratur, die die Alltagswelt einbezog, mehr und mehr Warencharakter an. Die Schriftstellerei, die das wachsende Lesebedürfnis breiter Schichten, vor allem der Stadtbevölkerung, zu befriedigen suchte, wurde auch im Zarenreich zum Lebensberuf.

Unter der Regierung Kaiserin Katharinas II. entwickelte sich die russische Literatur zu einer gesellschaftlichen Macht, zum Gewissen der Nation, übernahm eine geistige und politische Führungsrolle in der Gesellschaft. Konnte Nowikow in seinem Schriftstellerlexikon von 1772 bereits 200 Autoren mitsamt ihren Werken anführen, so vervielfachte sich die Zahl der Dichter, Bühnenautoren und Übersetzer ausländischer Literatur innerhalb kürzester Zeit. Auch die Zahl der Theateraufführungen nahm im letzten Drittel des 18. Jahrhunderts vordem nicht gekannte Ausmaße an.

Katharina II. war eine für Kultur, Literatur und Kunst aufgeschlossene Herrscherin. Ungeachtet ihrer Anstrengungen, die Entwicklung der russischen Literatur in die von ihr und ihren Wortsprechern vorgezeichneten Bahnen zu lenken, tauchte im Gefolge einer neuen Schriftstellergeneration und der sozialen Umschichtung der Literaturkonsumenten in der russischen Literatur ein neuer Menschentyp auf, der Held, der aus den mittleren und niederen Volksschichten kam: Handwerker, Fuhrleute, Verkäufer, Soldatenwitwen, Lakaien und leibeigene Bauern. Der neue Held und die neue Thematik verlangten neue literarische Stilmittel und Methoden. So gewannen Erzählungen, Romane, Skizzen, Reisebeschreibungen, Reportagen, Zeitschriftenberichte und viele andere literarische Gestaltungsformen ständig an Verbreitung, da sie eine adäquate und wirklichkeitsgetreue Darstellung der gesellschaftlichen Verhältnisse, der Freuden und Leiden, der Gefühle und Empfindungen der unteren Gesellschaftsschichten ermöglichten. Damit verlor der russische Klassizismus mit seinem starren Regelkodex allmählich den Boden unter den Füßen. An die Stelle der bisherigen Panegyrik traten realistische Genrebilder und Alltagsszenen. In der russischen Literatur vollzog sich bereits in erkennbaren Ansätzen der Übergang vom aufgeklärt-aristokratischen Klassizismus zum aufgeklärt-demokratischen Realismus.

Mit diesem Vorgang verbunden war eine bedeutende Verstärkung der Kritik an der Adelsklasse. Dabei konnte die russische Literatur der zweiten Hälfte des 18. Jahrhunderts bereits an nationale Traditionen anknüpfen. Es tauchten jetzt völlig neue aktuelle Fragestellungen auf, so die Verantwortung des Herrschers vor dem Gesetz, das Ideal der konstitutionellen Monarchie, die Stellung des Bürgerstandes, insbesondere der Kaufmannschaft, in der Gesellschaft. Das Hauptproblem der russischen Literatur in der zweiten Hälfte des 18. Jahrhunderts bildete jedoch die Bauernfrage.

Gegen die Leibeigenschaft erhoben die russischen Schriftsteller leidenschaftlichen Protest. Als wirkungsvolle Waffe dienten hierbei nicht nur die Zeitschriften, sondern auch alle anderen Formen literarischer Erzeugnisse, wie Reisebeschreibungen, fingierte Briefwechsel, Märchen, exotische Erzählungen, Fabeln, Traumvisionen und vieles andere mehr. Selbst vor einer öffentlichen Polemik mit der gekrönten Herrscherin schreckten einzelne russische Schriftsteller nicht zurück. Sie benutzten die weitreichende emotionale, didaktische und informative Funktion der Literatur sowie deren breiten Öffentlichkeitscharakter bewußt zur aktiven Einflußnahme auf die gesellschaftliche Entwicklung des Zarenreiches. Die russischen Schriftsteller und Dichter ergriffen Partei für die Interessen des Volkes, kritisierten die bestehenden Mißstände und entwarfen in einprägsamen Skizzen das Bild einer besseren, idealen Gesellschaft. Der Adressat ihrer Appelle stellte nicht mehr eine Einzelpersönlichkeit dar, wie dies noch in den Sendschreiben und Oden des Klassizismus üblich gewesen war, sondern die Schriftsteller dieses Zeitabschnitts wandten sich mit ihrem Anliegen ausdrücklich und direkt an die breite Öffentlichkeit, an alle des Lesens kundigen und verantwortungsbewußten Staatsbürger.

Zu denjenigen, die wie Nowikow offen gegen die schriftstellernde Kaiserin polemisierten, gehörte vor allem der Komödiendichter Denis Iwanowitsch Fonwisin. In den 20 Fragen, die er 1783 der Zeitschrift »Gesprächspartner der Freunde der russischen Literatur« einsandte, die unter der Schirmherrschaft der Zarin stand, behandelte er verschiedene Mißstände der kaiserlichen Regierungspraxis und kritisierte die parasitäre Lebensweise der adligen Höflinge und Günstlinge. Programmatisch formulierte Fonwisin seine Gesellschaftskritik in der Staatsschrift »Betrachtung über das Hinschwinden jeglicher Regierungsform in Rußland und die dadurch bedingte unsichere Lage des Imperiums wie auch der Herrscher« vom Jahre 1783. Vom gleichen Geist erfüllt waren Fonwisins Dramen. Den ersten durchschlagenden Erfolg erzielte der Dichter mit seiner Komödie »Der Brigadier« von 1769. Das Meisterwerk Fonwisins wurde jedoch die Komödie »Der Landjunker« vom Jahre 1782, in der der Dichter das gesamte leibeigenschaftliche Gesellschaftssystem an den Pranger stellte.

Denis Iwanowitsch Fonwisin.
Gemälde von Armand
Charles Caraffe, 1784

Gawriil Romanowitsch
Dershawin. Porträt von Dmitri
Grigorjewitsch Lewizki

Auch der »Sänger Katharinas II.«, der Lyriker Gawriil Romanowitsch Dershawin, griff das Thema des idealen Adligen
auf, wobei er deutlich kritische Töne anschlug. Als Anhänger
des Regimes der aufgeklärten Selbstherrschaft sagte Dershawin
»den Herrschern lächelnd die Wahrheit« und forderte die Regierenden auf, die Gesetze zu achten, für die Armen und Hin-
terbliebenen zu sorgen und gegen jedermann Gerechtigkeit
walten zu lassen. Er erhoffte von einer moralischen Läuterung
und Besinnung des Adels auf seine staatsbürgerlichen Pflichten
sowie von der »Philosophin auf dem Throne« bessere Lebens-
bedingungen für alle Gesellschaftsschichten Rußlands. Gleich
zeitig stimmte der Dichter Loblieder auf Rußlands militärische
Siege gegen die Türken an und rief das aufgeklärte Europa dazu
auf, unter der Führung der russischen Kaiserin gegen den
gemeinsamen Feind der Christenheit zu kämpfen.

Der Klassizismus, der um die Jahrhundertmitte in Rußland die bestimmende literarische Richtung darstellte, machte im letzten Drittel des Säkulums mehrere Wandlungen durch. In Antioch Kantemir hatte die russische Literatur ihren Horaz, in Sumarokow ihren Racine und Molière erhalten. Der russische Homer sollte Sumarokows Schüler Michail Matwejewitsch Cheraskow werden, der das erste große Kunstepos verfaßte und zugleich die russische Tragödiendichtung der zweiten Hälfte des 18. Jahrhunderts repräsentierte. Seinen Ruhm begründete Cheraskow mit dem Epos »Rossijada« aus dem Jahre 1779.

Zur klassizistischen Gattung des komisch-heroischen Poems steuerte der zum Cheraskow-Kreis zählende und als Schüler Sumarokows geltende Wassili Iwanowitsch Maikow mehrere Dichtungen bei. Als Maikows Hauptwerk gilt die farbenfrohe, derbkomische Burleske »Jelisei oder Der erzürnte Bacchus« von 1771, worin der Dichter, Vergils Äneis parodierend, im Stil des Epos die grotesken Erlebnisse und Abenteuer eines russischen Kutschers in den Petersburger Weinstuben, Freudenhäusern und Kaufhallen mit satirischen Seitenhieben auf die zeitgenössischen Gesellschaftszustände im Zarenreich schilderte.

Im Stile »leichter Poesie« waren die Erzählungen von Ippolit Fjodorowitsch Bogdanowitsch gehalten, so besonders das Poem »Duschenka« von 1783. Als unmittelbarer Epigone Sumarokows erwies sich Jakow Borrisowitsch Knjashnin. Er tat sich in seinen Komödien und komischen Opern »Unglück durch eine Kutsche« (1779), »Der Prahlhans« (1786) und »Närrische Käuze« (1790) als Kritiker der zarischen Bürokratie hervor und stimmte in seinen Tragödien, so im »Wadim von Nowgorod«, ein Hohelied auf die berühmte Stadtrepublik Altrußlands an.

Zur Sumarokowschen Schule zählte auch Alexei Andrejewitsch Rshewski, der einer altadligen Familie entstammte. Von

1760 bis 1763 veröffentlichte er vorwiegend kleinere Arbeiten, so Elegien, Stanzen, Lieder, Sonette und Idyllen, vornehmlich in Zeitschriften, die von Cheraskow redigiert wurden. Zwischen 1765 und 1769 entstanden neben einigen Oden auch Tragödien. Davon sind bekannt geworden die Stücke »Prelesta« (ungefähr 1765) und »Der vermeintliche Bauer« (vor 1769).

In die zu Beginn der achtziger Jahre mit erneuter Heftigkeit anhebende literarische Diskussion griffen Schriftsteller aus den verschiedensten geistigen und politischen Lagern ein. Unüberhörbar kritische Töne erklangen aus den Werken des klassizistischen Dramatikers Wassili Wassiljewitsch Kapnist, so aus der »Ode auf die Sklaverei« (1783) und mehreren Satiren, in denen der adlige Dichter offensichtlich gegen die Ausdehnung der Leibeigenschaft auf die heimatliche Ukraine Stellung nahm.

Über dasselbe Thema schrieben seit den sechziger und siebziger Jahren auch Literaten aus dem Bauernstand selbst. Ungeachtet ihrer aufgeklärten und philanthropischen Parolen erließ die Kaiserin 1765 einen Ukas, der dem Gutsbesitzer gestattete, seinen Leibeigenen zur Zwangsarbeit zu verurteilen. Ihm folgte bald die Verordnung, die den Bauern bei Strafe verbot, sich mit einer Beschwerde über den Gutsbesitzer direkt an die Krone zu wenden. Durch diesen Ukas büßte der Bauer sein letztes Rechtsmittel gegen die Willkür des Herrn ein.

Die ersten literarischen Erzeugnisse bäuerlicher Schriftsteller waren Werke in Form von »Klagen«. Typisch für die neue Bauernliteratur wurde die »Klage der Knechte«. Auch andere kleine handschriftliche Novellen, Satiren und Lieder über die Leibeigenschaft enthielten von Hoffnungslosigkeit erfüllte Schilderungen der bäuerlichen Knechtschaft und Armut, wobei gleichzeitig die Dummheit der Beamten, die sich von schlauen Bauern übertölpeln ließen, gegeißelt wurde.

Die vernichtendste Kritik an der bestehenden Ordnung, die im Aufruf zur Befreiung der leibeigenen Bauern gipfelte, übte am Ende des 18. Jahrhunderts der adlige Schriftsteller Alexander Nikolajewitsch Radischtschew in seinem 1790 veröffentlichten Roman »Reise von Petersburg nach Moskau«[50], wofür ihn die Kaiserin, der der Verfasser persönlich bekannt war, nach Sibirien deportieren ließ, von wo er, wie Nowikow, erst 1796 zurückkehren durfte. Radischtschew beschloß sein Leben im Jahre 1802 durch Freitod.

Radischtschews Roman »Reise von Petersburg nach Moskau« stellt angesichts seines überwiegend realistischen Grundgehalts literarisch ein Werk des noch nicht voll entwickelten frühen Realismus des Aufklärungszeitalters dar. In enger Wechselwirkung von Frührealismus und Aufklärung bildete sich in Rußland in den sechziger Jahren bei gleichzeitiger Auseinandersetzung mit den starren Formen des vorwiegend vom Adel getragenen Klassizismus die literarische Richtung des Sentimentalismus heraus, der den Interessen und Vorstellungen der nichtadligen Mittelschichten der Gesellschaft besser entsprach. Nicht mehr in den Gestalten von Königen und Heerführern, sondern im Alltagsleben, in den Nöten des Volkes, in den seelischen Konflikten der Bauern und Bürgersleute suchten die Schriftsteller ihre Stoffe, die sie in Dramen, Romanen, Gedichten und in anderen Formen zur Darstellung brachten. Dabei wurden auch die bislang bestehenden hierarchischen Grenzen der literarischen Gattungen und die starren Regeln der unterschiedlichen Sprachstile überwunden. Die Vermischung verschiedener Genres, die Einführung des bürgerlichen Trauerspiels, die Verschmelzung von hohem und niederem Sprachstil sowie die weitgehende Verwendung der Prosa führten zu einer engen Anlehnung an die gesellschaftliche Rea-

Alexander Nikolajewitsch Radischtschew.
Gemälde eines unbekannten Künstlers

lität. Obwohl Radischtschew sich in seinen Dichtungen in manchem dem Sentimentalismus verpflichtet fühlte, wandte er sich ebenso wie schon Fonwisin gegen die Stilisierung von Geschichte und Folklore, die die literarische Dichtung des Sentimentalismus auszeichnete.

Radischtschews literarisches Schaffen läßt verschiedene Beeinflussungen und Anregungen durch russische und ausländische Schriftsteller deutlich werden. Seit längerem bekannt ist das Verhältnis Radischtschews zu Vertretern des deutschen Geisteslebens wie Herder und Mendelssohn. Jedoch der Verfasser der »Reise von Petersburg nach Moskau« kannte ebenso die Werke von Albrecht von Haller, Friedrich Gottlieb Klopstock, Christian Fürchtegott Gellert, Salomon Geßner, Christian Ewald von Kleist und anderen. Ebenso beschränkten sich Radischtschews Kontakte zur deutschen Lyrik nicht auf die Phase der deutschen Frühaufklärung und die Lessing-Periode, sondern galten ebenso für die Zeit des Sturm und Drangs, d. h. für die Jahre 1770 bis 1790. In diesem Zeitabschnitt standen die deutschen und die russischen Schriftsteller vor ähnlichen Aufgaben: der Schaffung einer Nationalliteratur, der Lösung des literarischen Schaffens von den gekrönten Häuptern und der Unterstützung demokratischer Bestrebungen der breiten Volksschichten. Recht deutliche Analogien in Radischtschews Versdichtung finden sich zu den Dichtern des Göttinger Hainbundes und diesem nahestehenden Schriftstellern, so zu Johann Heinrich Voß, Gottfried August Bürger und Christian Friedrich Daniel Schubart. Die deutschen Schriftsteller verband mit Radischtschew das Bestreben, die Ideen der Aufklärung in gesellschaftliche Aktion umzusetzen und entschlossen den Kampf um die Befreiung der versklavten Bauern aufzunehmen.

Beredte Beispiele für Übereinstimmungen mit Inhalten im Schaffen deutscher Dichter bietet Radischtschews Behandlung des Freiheitsthemas in der Ode »Freiheit«. Dieser Sachverhalt wird durch den Vergleich mit Oden Klopstocks, freiheitlichen Gedichten von Voß, mit Schubarts »O Freiheit, Freiheit!«, Bürgers Rede »Ermunterung zur Freiheit« und Hallers Lehrgedicht »Die Alpen« ganz deutlich. Die Entsprechungen bei der Gestaltung des Freiheitsthemas lassen erkennen, daß Radischtschews Dichtung, vor allem seine große Freiheitsode, das nationale Anliegen im weiten welthistorischen Kontext begreift und sich dabei vielfältig mit der deutschen Lyrik des 18. Jahrhunderts berührt.

Ein neues literarisches Thema, das vor allem von nichtadligen Schriftstellern behandelt wurde, stellte das der unglücklichen, nicht standesgemäßen Liebe dar. Zu den Werken, die sich damit befaßten, gehörten die Romane von Nikolai Fjodorowitsch Emin, betitelt »Rosa« (1786) und »Spiel des Schicksals«

(1789). Sie sollten das Mitgefühl des Lesers wecken. »Die hübsche Köchin oder Die Abenteuer einer verworfenen Frau« (1770) beschrieb der Kaufmannssohn Michail Dmitrijewitsch Tschulkow, ein begabter Schriftsteller, der auch eine vierteilige Liedersammlung (1770 bis 1774) veröffentlichte. Die Heldin von Tschulkows »Verworfener Frau« war eine zur Dirne herabgesunkene Soldatenwitwe. Eine Liebesgeschichte verfaßte, unter Benutzung volkstümlicher Motive und Szenen, Michail Iwanowitsch Popow mit der musikalisch-literarischen Oper »Anjuta«, in deren Mittelpunkt ein Bauernmädchen steht.

In die gleiche Gruppe gehören die Geschichten vom »Listigen Müller als Zauberer, Betrüger und Brautwerber« (1779) von Alexander Onissimowitsch Ablessimow und der »St. Petersburger Kaufmannshof« (1779) von Michail Alexejewitsch Matinski. In den im Stil des Sentimentalismus verfaßten »Briefen Ernests und Dorawras« (1766) schilderte Fjodor Alexandrowitsch Emin die Gefühle zweier Liebender. Das Leben eines armen Bauernmädchens bildete das Thema des sentimentalen Romans »Die russische Pamela« von Pawel Jurjewitsch Lwow.

Als Theoretiker, Vollender und zugleich führender Schriftsteller des russischen Sentimentalismus gilt Nikolai Michailowitsch Karamsin. Er veröffentlichte 1792 seine berühmt gewordene Erzählung »Die arme Lisa«, in der die unglückliche Liebe eines armen Bauernmädchens zu einem jungen, leichtsinnigen Adligen geschildert wird, der seine Geliebte verführt, jedoch eine reiche Aristokratin heiratet. Die sentimentalen Erzählungen Karamsins regten eine Flut von gefühlvollen Liebesgeschichten an. Diese zeitigten in Rußland ähnliche Wirkungen wie Goethes »Die Leiden des jungen Werthers« in Deutschland.

Starke romantische Elemente enthielten bereits einige Erzählungen Karamsins, die in Skandinavien (»Insel Bornholm«,

1793) und in Spanien (»Sierra Morena«, 1795), spielten. Karamsins leidenschaftliches Interesse für die Geschichte seines Vaterlandes fand seinen Niederschlag in den Erzählungen »Natalja, die Bojarentochter« (1792) und »Marfa, die Statthalterin« (1803). Die Balladen »Graf Guarinos« (1789) und »Raissa« (1791) sowie die auf die Folklore zurückgehende Versdichtung »Ilja Muromez« (1794) gehörten bereits der Romantik an.

Nach seiner Ernennung zum Hofhistoriographen Kaiser Alexanders I. widmete sich Karamsin in den beiden letzten Jahrzehnten seines Lebens fast ausschließlich dem Studium der russischen Geschichte. Seine von hohem patriotischen Bewußtsein getragene zwölfbändige »Geschichte des russischen Reiches« (1816–1824) stellt eines der bedeutendsten Werke der russischen Geschichtsschreibung des beginnenden 19. Jahrhunderts dar. Sie bildete für die nachfolgenden Dichtergenerationen eine wichtige Quelle für die Verbreitung eines vaterländischen Geschichtsbewußtseins. Das monumentale Werk erschien zugleich in deutscher Ausgabe. Der von den Zeitgenossen als Begründer des Sentimentalismus und nationaler Geschichtsschreiber hochgeschätzte Schriftsteller Nikolai Karamsin erwarb sich ebenso große Verdienste um die Entwicklung der modernen russischen Sprache, Karamsins Bemühungen um eine Sprachreform bedeuteten einen wichtigen Beitrag zur Herausbildung der modernen russischen Literatursprache.

Obwohl der Sentimentalismus in der russischen Literatur am Ende des 18. und zu Beginn des 19. Jahrhunderts weiterhin vorherrschte und zahllose Epigonen Karamsins nach dessen Werken die Liebesabenteuer und Leiden »armer« Heldinnen behandelten, erschienen auch literarische Werke der bisherigen gesellschaftskritischen Richtung, die die Traditionen Nowikows, Fonwisins und Radischtschews fortsetzten. Einen neuen

Nikolai Michailowitsch Karamsin. Gemälde von Damon

Iwan Andrejewitsch Krylow. Stich von Orest Adamowitsch Kiprenski

Höhepunkt erlangte die frührealistische Dichtung im Schaffen des Fabeldichters Iwan Andrejewitsch Krylow.

Schon Sumarokow, Iwan Iwanowitsch Chemnitzer und Iwan Iwanowitsch Dmitrijew hatten dem russischen Leser mehrere Ausgaben von Fabeln geschenkt. Jedoch erst Krylow vermochte dem international beliebten Genre ein nationales Kolorit zu verleihen. Krylows Bauern und mit menschlicher Sprache auftretende Tiergestalten erwiesen sich nicht als Marionetten, sondern waren aufs engste mit dem russischen Leben verbunden. Dem starken Bär, dem listigen Fuchs und dem mächtigen Löwen sahen sich die wehrlosen Schafe und kleineren Tiere ebenso ausgeliefert wie die wehrlosen Leibeigenen den allgewaltigen Gutsherren. Wie die anderen Fabeldichter kritisierte auch Krylow die allgemeinen menschlichen Gebrechen und Untugenden, wie Phrasendrescherei und leeres Wortgeprassel, Neid und Besserwisserei, Kriechertum und Schmeichelei, prahlerische Überheblichkeit und Aufgeblasenheit. Ein beredtes Zeugnis hiervon stellten seine Fabeln »Beide Fässer«, »Der Esel und die Nachtigall«, »Der Adler und die Hennen« und »Elefant und Mops« dar. Die Schikane der zarischen Bürokratie und die Leiden der arbeitenden Volksschichten standen im Mittelpunkt der Fabeln »Der Hund und das Pferd«, »Die Wölfe und die Schafe« und »Der Tanz der Fischer«. Krylow nahm in seinen gesellschaftskritischen Werken auch direkten Bezug auf die ereignisreichen Jahre des Kampfes Rußlands gegen die napoleonische Invasion. Ihnen setzte er in der Fabel »Der Wolf im Hundezwinger« ein bleibendes Denkmal. Krylows volkstümliche Sprache und die getreu nach der Wirklichkeit gezeichneten Episoden und Charaktere bedeuteten einen wichtigen Schritt auf dem Weg zum russischen klassischen Realismus. Der Dichter Krylow bildet den Abschluß an der Schwelle zur neuen Poesie des 19. Jahrhunderts.

Das Grundideal der russischen Nationalliteratur entsprach dem Menschenbild der gesamteuropäischen Literatur und der Emanzipationsbewegung der Aufklärungszeit. Die von Katharina II. ausgelösten, teils legitimierten, teils bekämpften Denkprozesse führten zu einer Verstärkung der geistigen Auseinandersetzungen im Zarenreich. Aus der Verbindung und Konfrontation einheimischer Ideen mit westlichen Anschauungen entstand in Rußland eine neue Öffentlichkeit, die sowohl ihre modernisierende Wirkungskraft als auch ihr Beharrungsvermögen unter Beweis stellte. Die im Zarenreich traditionell von der Staatsmacht ausgehende vorwärtstreibende Kraft, der auch die Kaiserin vollauf vertraute, führte zum Bruch mit den nonkonformistischen Teilen der Gesellschaft, dessen Folgen freilich erst im 19. Jahrhundert voll sichtbar werden sollten.

Architektur und Bauwesen

Als »baulustige« Monarchin, wie sich Katharina II. selbst bezeichnete, machte die Zarin die beiden Hauptstädte des Landes zum Aushängeschild des Russischen Reiches. Ihre Residenzstadt an der Newa, St. Petersburg, wurde unter ihrer Regierung zur europäischen Metropole.[51] Es war die Kaiserin, die dem »Venedig des Nordens« jene Atmosphäre verlieh, die Russen und Ausländer gleichermaßen in ihren Bann schlug. Um den baulichen Anforderungen zu genügen, war es notwendig, das bisherige Leitungssystem von Grund auf zu reorganisieren. Zu diesem Zweck wurde im Jahre 1762 eine für das gesamte Zarenreich zuständige zentrale Baukommission eingesetzt. Neben ihr wirkten zusätzlich gesonderte Leitungsgremien, die für den weiteren Ausbau St. Petersburgs und Moskaus zuständig waren und die Verantwortung für den Neubau einzelner Städte trugen. 1763 erließ Kaiserin Katharina II. einen Ukas über die Anfertigung von speziellen Plänen für alle Städte des Russischen Reiches, in denen, gesondert nach Gouvernements, zahlreiche Vorschriften für die Bautätigkeit in den einzelnen Städten enthalten waren, deren Zahl sich auf etwa 500 belief. Um das gewaltige Bauprogramm zu verwirklichen, wurden im gesamten Land ausgedehnte Vermessungsarbeiten durchgeführt, die über zwölf Jahre dauerten. Im Vordergrund standen Vermessungen und Projektierungen für die beiden Hauptstädte. 1769 wurde der Bebauungsplan für St. Petersburg, 1775 auch der für Moskau von der Regierung bestätigt. Die neuen Bauprogramme und Bebauungspläne beinhalteten auch die Errichtung von Wohnhäusern und öffentlichen Gebäuden. Bereits in der Architektur der sechziger und siebziger Jahre äußerte sich der Übergang von den spätbarocken Formen zum Frühklassizismus. Bedeutende Verdienste bei der Entfaltung einer umfassenden Bautätigkeit in Rußland erwarb sich der Leiter der zentralen Baukommission Bezkoi. Jedoch nicht nur die staatliche, sondern auch die private Bautätigkeit nahm große Ausmaße an. In den russischen Städten ließen sich immer mehr aristokratische Familien prächtige Paläste errichten, wie die Palais der Jussupows, Golizyns, Scheremetews, Rasumowskis und anderer vornehmer Adelsgeschlechter verdeutlichten. Aber auch außerhalb der Städte, auf landschaftlich idyllischen Plätzen, entstanden prächtige Schlösser. Ebenso fortgeführt wurde der Bau von majestätischen Kathedralen.

Einer der bedeutendsten Architekten des russischen Frühklassizismus war Alexander Fillippowitsch Kokorinow. Nach seiner Ausbildung in Moskau, die zunächst bei Korobow und dann bei Uchtomski erfolgte, kam Kokorinow zu Beginn der fünfziger Jahre nach Petersburg, wo er das Gebäude der Akademie der Künste baute, das bereits deutlich den klassizistischen Einschlag erkennen ließ. Der Hauptteil des Komplexes wurde in den Jahren 1765 bis 1772 fertiggestellt, den restlichen Teil baute nach Kokorinows Plänen 1780 bis 1784 Jegor Timofejewitsch Sokolow. Der Ausbau der Innenräume des Gebäudes erfolgte erst zu Beginn des 19. Jahrhunderts. Kokorinow wirkte zudem seit Gründung der Kunstakademie als Professor für Architektur.

An der Fassadengestaltung der Akademie der Künste war neben Kokorinow auch der französische Architekt Jean-Baptiste Vallin de la Mothe beteiligt, den Iwan Iwanowitsch Schuwalow 1759 als Professor an der Petersburger Kunstakademie verpflichtet hatte. Vor seinem Eintritt in russische Dienste wirkte Vallin de la Mothe lange Jahre in Italien und Frankreich. Sein bedeutendstes Werk stellt die »Kleine Ermitage« (1764–1767) dar. Auch am Bau der Holzlager für die Admiralität, des sogenannten Neu-Holland, wirkte Vallin de la Mothe mit.

Mit der Akademie der Künste verbunden war auch die Tätigkeit des Architekten Georg Friedrich Velten, eines der zahlreichen Gehilfen Bartolomeo Francesco Rastrellis. Nach dessen Übertritt in den Ruhestand übernahm Velten als Chefarchitekt die Leitung der Baukanzlei. Neben seiner Tätigkeit als Baumeister lehrte er gleichzeitig an der Akademie der Künste. Umfangreiche Arbeiten führte er bei der Bebauung des an das Winterpalais grenzenden Geländes durch. Velten schloß an den Nordpavillon von Vallin de la Mothe den Südpavillon der »Hängenden Gärten« an und führte am Newaufer den Bau des Gebäudes der »Alten Ermitage« aus, einen charakteristischen Bau des russischen Frühklassizismus.

Die Verfahren, wie sie bei den Bauten in Petersburg und in anderen Städten Rußlands angewandt wurden, fanden einen deutlichen Ausdruck in den Arbeiten des italienischen Meisters Antonio Rinaldi. Dieser trat unter Kaiserin Elisabeth in russische Dienste, wobei er sich anfangs ebenfalls als Gehilfe Rastrellis betätigte.

Zu Rinaldis Werken gehören vor allem das Chinesische Palais und die Rutschbahn. Das Chinesische Palais (1762 bis 1768) stellt ein eigenartiges pavillonartiges Schloß dar, das vorzüglich mit dem Park harmonisiert und eine betonte Eleganz erkennen läßt. Schon in diesem Bauwerk wird der Grundzug von Rinaldis Schaffen sichtbar: die Vorliebe für eine dekorative Innenraumgestaltung, so für Parkett mit Einlegearbeiten, Türen von feiner Linienführung und für Stuckarbeiten und kleinere Wandgemälde. Die gleichen Gestaltungsmittel sind beim Bau der unweit des Schlosses angelegten Rutschbahn (1762–1774) verwendet worden. In seinen späteren Werken ging Rinaldi zu strengerer klassizistischer Bauweise über, wie das Palais in Gattschina (1766–1781) und mehrere Bauten in Zarskoje Selo verdeutlichen.

Seinen markantesten Ausdruck fand die klassizistische Bauweise im Schaffen Bashenows, Kasakows und Starows, die ihre Arbeiten in den sechziger und siebziger Jahren begannen. Wassili Iwanowitsch Bashenow erhielt seine Ausbildung als Architekt in Uchtomskis Architektur-Kommando. Nach der Absolvierung der Anstalt bezog er die Universität Moskau, von wo aus er an die Akademie der Künste überwechselte. Nach zweijährigem Studium an der Kunstakademie schloß er seine Ausbildung ab und unternahm eine Reise nach Frankreich und Italien, von der er erst 1765 zurückkehrte. Bereits in Abwesenheit 1762 zum Professor ernannt, erhielt Bashenow auf Grund der während seines Auslandsaufenthalts ausgeführten Arbeiten die Berufung zum Mitglied der Akademie der Künste. Jedoch sollte er sich bald das Mißfallen höfischer Kreise zuziehen, was ihn veranlaßte, St. Petersburg im Jahre 1767 zu verlasen und sich nach Moskau zu begeben. In seiner Moskauer Zeit führte Bashenow umfangreiche Bauarbeiten aus. Die bedeutendsten davon waren die Rekonstruktion am Kremlpalast 1767 bis 1773 und am Palastensemble in Zarizyno bei Moskau 1775 bis 1782. Als Gehilfe Bashenows betätigte sich auch Kasakow.

Das Paschkow-Palais in Moskau, zwischen 1784 und 1786 von
Wassili Iwanowitsch Bashenow im frühklassizistischen Stil erbaut

Die neuen Kompositionsmittel, die Bashenow bei den Arbeiten am Kremlpalast anwendete, setzte er auch bei den Arbeiten ein, die er in Zarizyno durchführte. Davon sind jedoch nur Teile erhalten. Zu diesen gehören die Eingangspforte, das Halbrund-Palais, der Empfangspalast (Opernhaus), der Küchenflügel mit einer Galerie, die das Gebäude mit den Pavillons des Palastes verbindet, und eine Brücke, die über die Straße führt. Die Brükke mit ihren großartigen Bogen zwischen den Türmen zählt zu den ausdrucksvollsten Schöpfungen Bashenows. Sein größtes Bauwerk in Moskau stellt das Paschkow-Palais (1784–1786) dar (heute Teilgebäude der Russischen Staatsbibliothek).

Kurz vor dem Tode Katharinas II. übersiedelte Bashenow erneut nach Petersburg. Hier projektierte er einen Palast für den späteren Kaiser Paul. 1799 wurde Bashenow zum Vizepräsidenten der Akademie der Künste ernannt. In dieser

Eigenschaft befaßte er sich vorrangig mit Plänen zu einer grundlegenden Reform der Akademie der Künste sowie mit der Herausgabe eines großangelegten Werkes über die russische Architektur, als ihn unerwartet, am 13. August 1799, der Tod ereilte. Bashenows Bedeutung für die Entwicklung der russischen Architektur ist groß. Mit seinem Schaffen verbindet sich die endgültige Herausbildung und Durchsetzung des Klassizismus in der Baukunst des Russischen Reiches.

Matwei Fjodorowitsch Kasakow führte als Gehilfe Bashenows bei der Rekonstruktion der Kremlbauten umfangreiche Arbeiten aus. Auch an den Arbeiten in Zarizyno beteiligte er sich. Kasakows größtes Bauwerk bildet das Senatsgebäude im Moskauer Kreml. Stellte das Senatsgebäude den neuartigen Typ einer Verwaltungseinrichtung dar, so gelang Kasakow mit dem Bau des Moskauer Universitätskomplexes (1786 bis 1793) ein neuer Typ von Lehranstaltsgebäuden.

Kasakow baute in Moskau auch zahlreiche Wohnhäuser, Hospitäler und Kirchen, so das Palais Demidow (1779–1791), das Golizyn-Hospital (1796–1801), die Kirche des Metropoliten Philipp (1777–1788), die Kosmas- und Damian-Kirche (1791–1803), die sämtlich im klassizistischen Stil gehalten sind. Im Jahre 1801 trat Kasakow in den Ruhestand. In seinen letzten Lebensjahren, die bereits von Krankheit gezeichnet waren, beschäftigte er sich mit der Sammlung seiner Bauzeichnungen, die ein wertvolles Quellenmaterial zur Geschichte der russischen Architektur darstellen. Der dritte große Baumeister des russischen Klassizismus war Iwan Jegorowitsch Starow. Eine seiner frühesten Arbeiten stellen die Bauten auf dem Landsitz Nikolskoje Gagarino bei Moskau (1773) dar. 1774 begann Starow mit dem größten Vorhaben seines Frühschaffens, mit den Arbeiten an der Dreifaltigkeits-Kathedrale des Alexander-

Newski-Klosters in St. Petersburg. Außer dem Bau der Kathedrale, der bereits unter Peter I. eingeleitet worden war, rekonstruierte Starow die gesamte Einfahrt zum Kloster, schuf den großen runden Platz am Ende des Newski-Prospekts und errichtete auf ihm die Einfahrtspforte zum Kloster. 1774 bis 1780 baute Starow das berühmte Landpalais in Taizy bei Petersburg.

In den achtziger Jahren entstanden die Hauptwerke Starows, so das den römischen Patrizierhäusern nachgebildete Taurische Palais des Fürsten Potjomkin (1783–1789) und das Palais in Pella (1785–1789), das Kaiser Paul abreißen ließ. Das Potjomkin-Palais stellt eine eigenartige Konstruktion von Schloßbauten mit Türmen, Schießscharten und asymmetrischem Grundriß sowie klassisch strengen, glatten weißen Wandmassiven dar. 1798 von Zar Paul in den Ruhestand versetzt, beschränkte sich Starow in den letzten Jahren seines Lebens auf die pädagogische Arbeit an der Akademie der Künste und die Aufsicht beim Bau der Kasaner Kathedrale. Neben Bashenow, Kasakow und Starow wirkten im gleichen Zeitraum mehrere andere bedeutende Baumeister. Die bekanntesten von ihnen waren Giacomo Quarenghi, Nikolai Alexandrowitsch Lwow, Charles Cameron, Jegor Timofejewitsch Sokolow, Iwan Wassiljewitsch Jegotow und Wikenti Franzewitsch Brenna.

Giacomo Quarenghi galt bald als ausgezeichneter Kenner antiker Architektur und der Kunstauffassung von Andrea Palladio. Er trat mit 36 Jahren, 1780, in den Dienst Katharinas II., unter deren Zepter er eine ähnliche Stellung einnahm, wie sie Rastrelli unter Kaiserin Elisabeth innehatte. In den ersten Jahren seiner Tätigkeit im Zarenreich beschäftigte sich Quarenghi eingehend mit dem Schaffen der russischen Baumeister, vor allem mit den architektonischen Arbeiten von Bashenow, Kasakow und Starow. Der italienische Meister baute nicht nur an der Newa, sondern auch in Moskau und in anderen russischen Städten, ebenso auf dem Lande. Dabei wandte er das Landpalais-Schema auch für die städtischen Bauten an. Als Beispiel hierfür dient das St. Petersburger Bankgebäude (1783–1790) auf der Sadowaja Uliza. Die wichtigsten Bauten Quarenghis wurden der Komplex der Akademie der Wissenschaften (1783–1789) am Newaufer, die Arbeiten am Winterpalais und an der Ermitage (1783–1787). Anfangs des 19. Jahrhunderts entstanden unter Quarenghis Leitung u. a. die Handelsreihen an der Ecke des Newski-Prospekts und am Fontanka-Ufer, das Smolny-Institut (1805–1808 an die barocke Klosteranlage Rastrellis kongenial angefügt), das Katharinen-Institut und das Krankenhaus auf dem Liteini-Prospekt (1803–1805).

Zu den adligen Landpalais, die von Quarenghi erbaut wurden, gehören die Schloßanlage der Grafen Scheremetew in Ostankino bei Moskau mit einem eigenen Theater, auf dessen Bühne die Hausherren durch talentierte Künstler aus den Reihen ihrer Leibeigenen Opern, Ballettaufführungen und Schauspiele einstudieren und darbieten ließen. Das Beispiel der Scheremetews machte bald Schule. So wetteiferten gegen Ende des 18. Jahrhunderts zahlreiche Hochadlige beim Um- und Neubau von Stadtpalais und Landpalästen, um ihren Häusern ein dem klassizistischen Zeitgeschmack gemäßes Antlitz zu verleihen.

Wie der Italiener Giacomo Quarenghi fand auch der Schotte Charles Cameron in Rußland eine neue Heimat. Cameron kam 1779 aus Italien, wo er lange Jahre gelebt hatte, nach Petersburg. Er galt zu diesem Zeitpunkt bereits als einer der ausgezeichnetsten Kenner der antiken Architektur. Der schottische Künstler baute in der Hauptsache in den Vororten

Die Fontanka im Kaiserlichen Garten von St. Petersburg. Aus Johann Richter, Ansichten von St. Petersburg und Moskau, Leipzig 1804

Petersburgs, so in Zarskoje Selo und in Pawlowsk. Außerdem führte er in Baturino (Ukraine) Arbeiten für die Grafen Rasumowski aus. Von den Arbeiten Camerons in Zarskoje Selo ist der Komplex von Bauwerken der bedeutendste, den er an das Große Palais anbaute: die Achat-Zimmer, den Hängenden Garten und eine große Galerie, die noch heute den Namen des Erbauers trägt. In Pawlowsk baute Cameron den dortigen Palast und einige Parkpavillons. Von den Parkanlagen sind die bedeutendsten: die Apollo-Kolonnade, eine offene Teilrotunde aus einer Doppelreihe dorischer Säulen. Die Parks von Pawlowsk gehörten zu den schönsten Anlagen Rußlands im ausgehenden 18. Jahrhundert.

Einen wichtigen Platz in der russischen Bautätigkeit unter Katharina II. nahm auch das Wirken leibeigener Architekten ein. So wurden die repräsentativen Landpalais der Grafen Scheremetew bei Moskau unter maßgeblicher Beteiligung von leibeigenen Künstlern geschaffen, so das Palais in Ostankino durch Fjodor Semjonowitsch Argunows Schüler Pawel Iwanowitsch Argunow, Alexei Fjodorowitsch Mironow und Grigori Jefimowitsch Dikuschin. Auch in Archangelskoje, einem anderen aristokratischen Landsitz bei Moskau, bauten Architekten, die Leibeigene der Fürsten Golizyn und Jussupow waren, ein hervorragendes Palais- und Parkensemble, ausgeschmückt mit reichverzierten Skulpturen und versehen mit Terrassen, die sich bis zum Fluß hinabsenkten.

Seit der Mitte der sechziger Jahre des 18. Jahrhunderts stand die russische Baukunst im Zeichen des Klassizismus, und die architektonischen Arbeiten nahmen riesige Ausmaße an. Überall im Russischen Reich entstanden zahlreiche neue Großstädte, so im Süden Taganrog, Cherson, Jekaterinoslaw und andere.

Bildende Kunst

Umbruch und Neuschaffen äußerten sich wie in der Baukunst auch in der Graphik, der Malerei und der Plastik. Ein lebendiges Beispiel für die unmittelbare Verbindung von Kunst und Wirklichkeit stellten die bereits im ersten Jahrzehnt des 18. Jahrhunderts entstandenen Kupferstiche dar, die vorwiegend Schlachten und Stadtlandschaften darstellten.

Bedeutungsvoll für das künstlerische Schaffen der russischen Maler um die Mitte des 18. Jahrhunderts wurden die bestehenden Ausbildungseinrichtungen in Gestalt der Maler- und Zeichnerschulen, der Akademie der Wissenschaften, der Universität Moskau und der Akademie der Künste. Die Akademie der Wissenschaften erwarb sich bedeutende Verdienste bei der Pflege der russischen Landschaftsmalerei und des Kupferstichs, während in den Maler-Kommandos großer Wert auf die Ausbildung in der dekorativen Malerei gelegt wurde. Einen Namen als Dekorationsmaler machten sich die Gebrüder Alexei Iwanowitsch und Iwan Iwanowitsch Belski, die Leibeigene waren, Iwan Firsow, Boris Suchodolski und andere.

Als Porträtmaler taten sich um die Mitte des Jahrhunderts vornehmlich Wischnjakow, Antropow und Iwan Petrowitsch Argunow hervor. Iwan Jakowlewitsch Wischnjakow war nicht nur Nachfolger Matwejews als Leiter des Maler-Kommandos, er

Iwan Petrowitsch Argunow,
Porträt einer Unbekannten in
russischer Nationaltracht, 1785

Alexei Petrowitsch Antropow,
Der Donkosakenataman Fjodor
Iwanowitsch Krasnostschenko, 1761

schuf auch die hervorragenden Bildnisse von Sarah und Willim Fermor (1745), die eine einprägsame Vorstellung von der russischen Malkunst dieses Zeitabschnitts vermitteln. Dasselbe gilt für die Porträts Alexei Petrowitsch Antropows. Er war der Sohn eines Soldaten und hatte seine Ausbildung bei Matwejew erhalten. Eines seiner besten Porträts stammt von 1754. Es zeigt A. M. Ismailowa, die Erste Hofdame der Kaiserin Elisabeth. Andere charakteristische Bildnisse stellen die Gräfinnen M. A. Rumjanzewa (1764), A. W. Burlina (1763) und die Fürstin T. A. Trubezkaja (1761) dar. Zu Antropows Galaporträts der sechziger Jahre gehört das Bildnis des Erzbischofs Silvester Kuljabka (1760). Es zeigt einen grobschlächtigen, herrschsüchtigen, selbstsicheren und krankhaft-ehrgeizigen Kirchenfürsten. Im Galaporträt Kaiser Peters III. stellte der Künstler diesen abwertend unansehnlich und von Nichtigkeit gezeichnet dar.

Anton Pawlowitsch Lossenko,
Wladimir und Rogneda, 1760

Antropow in vielem sehr nahe stand Iwan Petrowitsch Argunow, ein talentierter Baumeister und Maler aus dem Kreis der
Leibeigenen, die dem Grafen Scheremetew gehörten. Neben auf-
tragsgemäß verfaßten Galaporträts malte Argunow auch Personen, denen er als Künstler nahestand, so einen unbekannten Bildhauer, möglicherweise Fedot Iwanowitsch Schubin (achtziger
Jahre). Besondere Aufmerksamkeit verdienen Bildnisse der
Anna Nikolajewna, einer Ziehtochter der Familie Scheremetew
(1767), und der »Bäuerin in russischer Volkstracht« (1784). Das
letztere Porträt gehört zu den schönsten Werken des Malers.

Der Aufschwung der russischen Malerei in der zweiten Hälfte des 18. Jahrhunderts äußerte sich auch in der Historienmale-
rei. Als ihr Begründer gilt Anton Pawlowitsch Lossenko, von
dessen Zeichnungen zahlreiche Künstler angeregt wurden. Zu
ihnen zählte Iwan Akimowitsch Akimow, der ebenso wie sein

Lehrer Lossenko an der Akademie der Künste tätig war. Pjotr Iwan Sokolow schuf mehrere Werke nach Themen der antiken Mythologie, so »Merkur und Argus« (1776), und »Daidalos bindet Ikaros die Flügel an« (1777). Sokolow war ein hervorragender Zeichner. Die männlichen Aktbilder, die er auf dem Zenit seines Schaffens zeichnete, gehören zu den besten Leistungen der russischen Graphik des 18. Jahrhunderts.

Die Höhe, die die russische Malerei in der zweiten Hälfte des 18. Jahrhunderts erreichte, wird vor allem in der Porträtkunst Rokotows, Lewizkis und Borowikowskis deutlich. Fjodor Stepanowitsch Rokotow machte sich bereits in den sechziger Jahren einen Namen. Um 1766 entstand sein Porträt des bekannten Dichters Wassili Iwanowitsch Maikow. Der lebensfreudige und spottlustige Literat ist voller Überzeugungskraft dargestellt. Um die gleiche Zeit arbeitete Rokotow am Porträt einer Unbekannten. 1766 siedelte er nach Moskau über, wo er sich auch als Pädagoge betätigte. In den darauffolgenden Jahren entstanden Rokotows gelungenste Porträts, so u. a. die Bildnisse N. J. Struiskis, A. I. Woronzows, eines Unbekannten im Dreispitz, eines Unbekannten im rosa Gewande. Sie lassen die genaue Beobachtungsgabe des Künstlers erkennen.

Von einer weiteren Verfeinerung der Gestaltungsmittel zeugten Rokotows Porträts aus den achtziger Jahren, so die Bildnisse der W. J. Nowossilzowa (1780), P. N. Lanskaja (achtziger Jahre) und J. W. Santis (1785), auf denen die Dargestellten als einnehmende Wesen erscheinen. Die Porträts der Surowzewa und Surowzews (Ende der achtziger Jahre) gehören zu den Spätwerken Rokotows. Sie zeichnen sich durch eine vertiefte Psychologisierung der dargestellten Persönlichkeiten aus. Der Künstler versuchte dem Intellekt und dem Innenleben der Porträtierten erkennbaren Ausdruck zu verleihen.

Fjodor Stepanowitsch Rokotow,
Porträt des Dichters Wassili
Iwanowitsch Maikow, um 1766

Dmitri Grigorjewitsch
Lewizki, Porträt der Fürstin
M. A. Lwowa, 1778

Als Porträtist bedeutungsvoll wurde auch Dmitri Grigorjewitsch Lewizki. Bereits in seinen frühen Porträts zeigt sich Lewizkis Bemühen, die menschlichen Charaktere möglichst konkret darzustellen. Hierher gehören die sieben Porträts Lewizkis »Smoljanki« (1773–1776), auf denen vornehme weibliche Zöglinge des Smolny-Instituts dargestellt sind. Zur gleichen Zeit (1773) malte er Pawel Nikolajewitsch Demidow und Denis Diderot. Das Demidow-Bildnis läßt deutlich das realistische Bestreben des Künstlers erkennen. Als leidenschaftlicher Blumenliebhaber steht der Unternehmer Demidow neben einem Tisch, auf dem sich eine Gießkanne, ein aufgeschlagenes Buch und Blumenzwiebeln befinden. Im Hintergrund ist das Moskauer Findelhaus zu erkennen, für dessen Bau der Mäzen eine ansehnliche Summe stiftete. Völlig anders stellte Lewizki

Diderot dar, der 1773/74 in Petersburg zu Besuch weilte. Er, der große Gelehrte, erscheint als ungewöhnlicher Mensch, vorgeführt ohne Perücke, mit schütterem Haar und Falten unter den Augen. Sein Antlitz zeugt von schöpferischer Begabung, Geistesstärke und forschendem Verstand.

Auch Frauenporträts erweisen Lewizki als großen Meister. Dabei versteht er es, die individuellen Unterschiede zwischen den einzelnen Aristokratinnen deutlich hervorzuheben. Die Fürstin P. N. Golizyna (1781) läßt er in ihrer ganzen Schönheit auftreten, wobei er zur Verdeutlichung der kalt-hochmütigen Eleganz silbrig-bläuliche, blaugrüne und violette Farbtöne verwendet. Die Gräfin P. F. Woronzowa wirkt dagegen schlicht und anziehend und verrät einen leicht spöttischen Gesichtsausdruck. Eine ähnliche Stilisierung machen die Porträts der Fürstin M. A. Lwowa aus den Jahren 1778 und 1781 deutlich. Die lebendige ausdrucksvolle Charakterisierung des Menschen kennzeichnet auch die anderen Porträts Lewizkis. Besonderes Anliegen des Künstlers bei seinen Porträtzeichnungen war es, die Lebensfreude der Menschen darzustellen. Das Porträt der Bakunina etwa ist das anziehende Bild einer Frische und Gesundheit ausstrahlenden Frau. Zu seinen bekannten Frauenporträts gehören außerdem die Bildnisse der Ursula Mnischek und der Anna Davya Bernucci (1782), in denen zwei völlig verschiedene Frauentypen dargestellt sind.

Einen ebenso starken Eindruck hinterließen Lewizkis Männerporträts der achtziger Jahre. Die Gestalten, die der Künstler zeichnete, sind scharf profiliert. Lewizki malte den leichtsinnigen und hohlköpfigen Alexander Dmitrijewitsch Lanskoi, den Favoriten Katharinas II. (1792), den klugen Sekretär und Gehilfen der Zarin, Alexander Wassiljewitsch Chrapowizki (1782), und den mürrischen Mark Fjodorowitsch Poltorazki. Beson-

dere Aufmerksamkeit schenkte Lewizki dem Bildnis seines
Freundes, des Architekten Nikolai Alexandrowitsch Lwow,
den er als eine begabte und kluge Persönlichkeit der russischen
Gesellschaft des 18. Jahrhunderts kannte. Das Porträt »Katharina II. als Gesetzgeberin« (1783) zeigt die Kaiserin mit einem
jugendlichen Gesicht. Lewizkis Bildnis der großen Herrscherin
wurde Gegenstand von Dershawins Ode »Die Vision des
Mursa«. Der Maler Lewizki porträtierte nicht nur Höflinge und
Aristokraten, sondern auch Persönlichkeiten des öffentlichen
Lebens, darunter wohl auch Nowikow (1796/97), mit dem er
freundschaftliche Beziehungen unterhielt.

Ein Schüler Lewizkis war Wladimir Lukitsch Borowikowski, der Sohn eines ukrainischen Kosaken, der seine erste
Bildung an der Mohyla-Akademie zu Kiew erhielt. Borowikowski begann als Ikonenmaler, schlug jedoch frühzeitig die
Bahn Lewizkis ein und galt bald als ein bekannter Porträtist. So
erhielt er nicht nur am Kaiserhof, sondern auch am »Kleinen
Hof« des Großfürsten Paul Aufträge. In Petersburg schloß sich
der Maler den Freimaurern an und arbeitete eifrig an der *Freien
Gesellschaft der Freunde für Sprache, Wissenschaft und Kunst*
mit. Zu den ersten Werken Borowikowskis gehören die Bildnisse »Unbekannte mit Medaillon« (1798), J. A. Naryschkina
(1799) und M. J. Lopuchina (1797), dazu die Männerporträts
G. R. Dershawin (1795) und D. P. Troschtschinski (neunziger
Jahre). Neben Lewizki und Borowikowski wirkten am Ende
des 18. Jahrhunderts als Porträtmaler Stepan Semjonowitsch
Schtschukin und Nikolai Iwanowitsch Tonci.

In der Genremalerei, die ihre volle Entfaltung freilich erst im
19. Jahrhundert finden sollte, ist das Leben der unteren Volksschichten dargestellt. Zu ihren vereinzelten Vertretern in der
zweiten Hälfte des 18. Jahrhunderts gehörte Michail Schibanow,

ein Leibeigener Potjomkins. Über Schibanow ist nur wenig bekannt. Wahrscheinlich trat er als Künstler erstmalig in den siebziger Jahren hervor. Aus dieser Zeit stammen die Porträts der Spiridows und Nestorows. Bereits damals schuf Schibanow die berühmten Kompositionen aus dem Volksleben »Bauernmahl« (1774) und »Feier des Ehekontrakts oder Verlobung« (1777).

Wenig wissen wir über Leben und Werk des Malers und Graphikers Iwan Alexejewitsch Jermenew. Dieser absolvierte die Akademie der Künste und malte danach Porträts in Paris, wo er 1789 den Sturm auf die Bastille miterlebte, den er in einem Kupferstich festhielt. Berühmtheit erlangten seine Aquarelle, in denen er das Leben der russischen Bauern darstellte, so »Singende blinde Bettler«, »Bauernmahl« und »Bettler«. Diese Schöpfungen Jermenews entstanden aller Wahrscheinlichkeit nach bereits in den siebziger Jahren, d. h. vor dem Frankreichaufenthalt des Künstlers. Seine Bilder enthalten eine in ihrer Stärke unübertroffene Aussagekraft, wie sie in der Literatur nur von Radischtschew erreicht wird. Von Jermenew führt ein direkter Weg zur russischen realistischen Genremalerei des 19. Jahrhunderts.

Das Interesse für die *Plastik* war in Rußland am Ende des 17. und zu Anfang des 18. Jahrhunderts bedeutend gewachsen. Dies galt besonders für die Rundplastik. Vor dem 18. Jahrhundert stand die Plastik weitgehend im Dienst der Kirche und fand in der Verzierung der Rahmen von Heiligenbildern, der Ikonostase, der Altarbalustraden, Kirchengeräte, Türen usw. Verwendung. Weniger vom Geist der Askese beherrscht als die Malerei, spielte die Plastik frühzeitig auch im profanen Leben eine Rolle. Ebenso eifrig wurde in anderen Bereichen der Plastik gearbeitet, so in der Kleinplastik. Lomonossows Freund, der Chemiker und Technologe Dmitri Iwanowitsch Winogradow, richtete in Petersburg eine Porzellanmanufaktur ein, die dritte in

Michail Schibanow, Bauernmahl, 1774

Europa seit Erfindung des europäischen Porzellans. In ihr wurden neben Service, Vasen, Schüsseln, Tabakdosen auch zahlreiche andere Gebrauchsgegenstände angefertigt, kleine Statuetten, die durch ihre Eleganz beeindruckten. Die in den russischen Porzellanfabriken hergestellten Gegenstände brauchten in vieler Hinsicht den Vergleich mit den Erzeugnissen aus Meißen, Paris und Berlin nicht zu scheuen. In der Porzellanmanufaktur St. Petersburgs waren zahlreiche Maler und Bildhauer tätig. Dem Betrieb war auch eine Schule zur Heranbildung von Facharbeitern auf den verschiedensten Gebieten der Keramik angeschlossen. Im Unterricht legte man das Hauptaugenmerk auf Zeichnen und Modellieren. Einen Aufschwung nahmen die Arbeiten in der Manufaktur, als Lomonossow deren Leitung übernahm. Seine Untersuchungen und Experimente im Hinblick auf Tonmischung, Farbgebung und Brennmethode des Porzellans erwiesen sich als äußerst erfolgreich.

Der Klassizismus äußerte sich in der zweiten Hälfte des 18. Jahrhunderts auf dem Gebiet der Bildhauerei weit stärker als in der Malerei. Obgleich zahlreiche Bildhauer noch immer mit der Ausschmückung von Palästen, Parks und öffentlichen Gebäuden befaßt waren, gelangten daneben die Statue und die Porträtbüste als selbständige Gattung der Bildhauerei zu einer immer weiteren Verbreitung. So erreichte die Porträtkunst auch in der Plastik einen glanzvollen Höhepunkt.

Einer der bedeutendsten Bildhauer auf diesem Gebiet war Fedot Iwanowitsch Schubin, der Sohn eines Staatsbauern aus einem Fischerdorf nahe Cholmogory am Weißmeer. Sein Werdegang erinnert sehr an die Jugendschicksale Lomonossows. Er kam 1759 nach Petersburg und erhielt – wahrscheinlich auf Lomonossows Empfehlung – einen Platz an der Akademie der Künste, an der er von 1761 bis 1766 studierte. Auf Grund seiner Begabung und der ausgezeichneten Lernergebnisse wurde Schubin mit der Großen Goldenen Medaille ausgezeichnet, wodurch er die Möglichkeit erhielt, als Stipendiat der Kunstakademie seine Ausbildung im Ausland zu vervollkommnen. So arbeitete er drei Jahre in Paris und danach zwei Jahre in Rom. Auf der Rückreise nach Petersburg im Jahre 1773 hielt er sich für kurze Zeit auch in London auf.

Bereits eines der ersten Werke Schubins, das er nach seiner Heimkehr aus dem Ausland schuf, die Büste des Fürsten Alexander Michailowitsch Golizyn (Gips 1773; Marmor 1775), machte die große Begabung des Künstlers deutlich. Von 1774

Fedot Iwanowitsch Schubin, Porträtbüsten.
Paul I., Marmor, 1800 (links);
Fürst Alexander Michailowitsch Golizyn, Marmor, 1775 (rechts)

stammt Schubins Büste des russischen Generalfeldmarschalls Graf Sachar Grigorjewitsch Tschernyschow, der als mutiger Krieger dargestellt ist. Eine ähnliche Motivierung wandte der Künstler bei der Büste des Feldmarschalls Graf Pjotr Alexandrowitsch Rumjanzew-Sadunaiski (1778) an. In die siebziger Jahre gehören auch das Porträt eines Unbekannten und die Büste der Gräfin M. R. Panina, die in ihrem Gesichtsausdruck an Bildnisse Rokotows und Lewizkis erinnert. Besonders bekannt wurden Schubins Büsten des außenpolitischen Beraters der Kaiserin Katharina, Fürst Alexander Andrejewitsch Besborodko (um 1798), und des Admirals Wassili Jakowlewitsch Tschitschagow (1791). Einen grotesk anmutenden Eindruck hinterließ seine Büste des Kaisers Paul (Marmor 1797; Bronze 1798), den er mit einem grimassenhaften Gesicht und mit Orden behängt zeigt. Im Unterschied dazu ist die Kaiserin, die Schubin mehrmals porträtierte, als ideale Gestalt dargestellt, wie die große Marmorstatue »Katharina II. als Gesetzgeberin« (1789/90) deutlich macht. Auch von Lomonossow hat Schubin eine Büste geschaffen (1792). Schubins letzte Lebensjahre waren von materiellen Nöten und persönlichen Erniedrigungen gekennzeichnet, die ihm von seiten des Hofes zuteil wurden.

Derselben Generation wie Schubin gehörte der Bildhauer Fjodor Gordejewitsch Gordejew an. Nach der Absolvierung der Akademie der Künste arbeitete Gordejew in Paris, Rom, Pompeji und Herkulanum. Nach seiner Rückkehr aus dem Ausland nahm er an der Petersburger Kunstakademie eine leitende Stellung ein. In Gordejews Arbeiten werden deutlich die Prinzipien des Klassizismus erkennbar, so im Grabmal für die Fürstin N. M. Golizyna (1780), einem marmornen Flachrelief, das die Vorbildwirkung der antiken Kunst erkennen läßt. In späteren Grabdenkmälern, so für den Generalfeldmarschall Fürst Alexander Michailowitsch Golizyn (1788), finden sich bereits eine veränderte Komposition und Pathetik. Ein Vertreter der Grabmalplastik war auch der aus Griechenland eingewanderte Iwan Petrowitsch Martos. Seine bedeutendsten Werke (so das Denkmal Minins und Posharskis in Moskau, 1804–1818) gehören jedoch bereits ins 19. Jahrhundert. Einen tiefen Eindruck hinterlassen Martos' Denkmäler für M. P. Sobakina (1782) und für J. S. Kurakina (1792). Seine Gestalten zeichnen sich durch emotionale Vielfalt aus. Sie nehmen in der russischen Memorialplastik am Ende des 18. Jahrhunderts den ersten Platz ein.

Einer der größten russischen Bildhauer in dieser Zeit war Michail Iwanowitsch Koslowski. Auch ihn führten ausgedehnte Reisen nach Paris und Rom, wo er sich für die antike Kunst begeisterte. Nach St. Petersburg zurückgekehrt, beteiligte sich

Michail Iwanowitsch Koslowski,
Polykrates, an einen Baum gefesselt,
Bronze, 1790

Koslowski an der Ausschmückung der Marmorpalais und arbeitete gleichzeitig an der großen Marmorstatue »Katharina II.
als Minerva« (1785), mit der er die Kaiserin von Rußland als
Göttin der Weisheit verherrlichte. Bei seinem abermaligen Aufenthalt in Paris geriet Koslowski in den Strudel der Revoluti-
onsereignisse von 1789. Hier schuf er die Plastik »Polykrates, an
einen Baum gefesselt« (Gips 1790), die das menschliche Leiden
und den Drang des Volkes nach Freiheit veranschaulicht.

Koslowskis Spätschaffen begann 1790, d. h. nach seiner Rückkehr in die Heimat. Nach wie vor bewegten den großen Künstler antike Themen, wie die großartigen Terrakotta-Statuetten nach Motiven der »Ilias« verdeutlichten. Ähnlich wirkungsvoll erwies sich die Gruppenplastik »Ajax verteidigt die Leiche des Patroklos« (Bronze 1796). Hervorragende Werke schuf Koslowski in den ersten Jahren des neuen Jahrhunderts, so das Bronzerelief für das Grabmal des Generals Pjotr Iwanowitsch Melissino (1800) und das Denkmal der Gräfin S. A. Stroganowa (1801/02). Der größte künstlerische Erfolg Koslowskis wurde das Suworow-Monument in St. Petersburg (1801), das ein eindrucksvolles Bild des großen russischen Feldherrn vermittelt. Es gehört zu den hervorragendsten Leistungen der klassizistischen Bildhauerkunst in Rußland.

Fast gleichzeitig wirkte Feodossi Fjodorowitsch Schtschedrin, der Sohn eines Soldaten. Er absolvierte die Kunstakademie und arbeitete danach in Frankreich und Italien. In Petersburg schuf er die allegorischen Figuren für die Peterhofer Wasserspiele. Gleichzeitig führte Schtschedrin gemeinsam mit Gordejew, Martos und anderen Künstlern Arbeiten an der Kasaner Kathedrale (1804–1811) aus. Schtschedrins Arbeiten gehören zu einem großen Teil bereits ins 19. Jahrhundert. Dem Künstler war ein hohes Alter beschieden. Seine späten Arbeiten kennzeichnen schon eine neue Entwicklungsetappe des russischen Klassizismus. Bekannt wurde Schtschedrin vor allem durch seine Plastiken, in denen er die siegreichen Seestreitkräfte Rußlands verherrlichte. An der bildhauerischen Ausschmückung der Peterhofer Wasserspiele beteiligte sich auch Iwan Prokofjewitsch Prokofjew. Seine Hauptwerke gehören ebenfalls in das 19. Jahrhundert. Prokofjew war ein bedeutender Porträtist.

Marie Anne Collot und Étienne-Maurice Falconet,
Monumentalkopf Peters I., Modell für das Peter-Denkmal, Bronze

Ein wichtiger Abschnitt in der Geschichte der russischen
Bildhauerkunst der zweiten Hälfte des 18. Jahrhunderts verbindet sich mit dem Namen Étienne-Maurice Falconet, der 1766
auf Diderots Empfehlung nach Rußland kam, um im Auftrag
Katharinas II. ein Denkmal für Peter den Großen zu schaffen.
1770 konnte Falconet das Modell hierzu bereits vorführen. Das
Peter-Denkmal sollte auf einem großen Felsblock, der zum angegebenen Platz transportiert werden mußte, ruhen. Zeitgenössische Beobachter haben die mühevollen Arbeiten, die die Her-
anschaffung des steinernen Denkmalfundaments mit sich
brachten, eindrucksvoll beschrieben: Als Postament wurde ein
bei dem finnischen Dorf Ljachta aufgefundener gewaltiger Gra-
nitstein ausersehen, »anstatt eines andern auf der Insel Kron-
stadt, auf dem Peter der Große so manchmal gesessen und sich
mit seinen Seeoffizieren belustigt hatte (...) Dieser Stein [vom
Dorf Ljachta] ragte etwa ein Achtel seiner Größe aus der Erde

hervor, allwo er allein und ohne steinernen Grund oder andere um ihn befindliche Steine in einem gelblichen Sand- und Leimerdreich versunken lag. Als im Winter bereits das Erdreich um ihn ausgegraben und als er in einem Kanal frei dastunde, befand man seine Dicke 24 Fuß, seine Breite 21 und seine Länge 42 Fuß. Nach der kubischen Berechnung seines Gewichts will man ihn 2.200.000 Pfund schwer achten«.[52] Der riesige Stein wurde mit einem Fahrzeug an das Flußufer gebracht und auf ein großes Boot verladen: »Als man hierauf das Wasser aus selbigen auspumpte, hub es sich nur mit dem Vorder- und Hinterteil in die Höhe, die Mitte aber, worauf die Last ruhete, blieb unter dem Wasser. Durch die Biegung rissen sich viele Bretter los, und das Wasser drang mit Gewalt herein. Alle Arbeitsleute wurden an die Pumpen gestellt, und durch Hilfe großer Steine, die man auf beide Seiten des Fahrzeuges legte, senkte man es [das Wasser] endlich nieder (...) Und so führte man es [das Boot] die kleine Newa hinauf und die große hinunter«.[53] Der Transportweg auf dem Wasser machte zwölf Werst aus. Der Bronzeguß für das große Peter-Monument wurde in den Jahren 1775 bis 1777 hergestellt. Die Aufstellung des Denkmals erfolgte jedoch erst im Jahre 1782, als Falconet Rußland bereits verlassen hatte.

Falconets Peter-Denkmal mit seiner Inschrift: »Petro Primo – Catharina Secunda« stellt eine hervorragende Leistung dar. Der »berühmte und gelehrte Statuarius« war bei der Schaffung des Werkes von seiner »Scholarin« Marie Anne Collot unterstützt worden, die zusammen mit ihm in die russische Hauptstadt gekommen war. Das Peter-Monument Falconets wurde von großer Bedeutung für die Entwicklung des russischen Nationalbewußtseins[54] und übte auf die nachfolgenden Künstler- und Dichtergenerationen nachhaltige Wirkungen aus, wie Alexander Puschkins berühmter »Eherner Reiter« eindrucksvoll bezeugt.

Theater und Musik

Die Anfänge des russischen Theaters[55] gehören in die vorpetrinische Zeit, wobei sich manche Beziehung zur deutschen Schauspielkunst ergibt. Für Peter I., der 1702 ein Theaterhaus auf dem Roten Platz zu Moskau eröffnen ließ, stellte dieses nicht nur eine Stätte des Vergnügens und der Erbauung dar, sondern er verfolgte mit dieser Einrichtung vor allem Bildungsabsichten, d. h., der Zar sah im Theater Möglichkeiten zur Propagierung seiner Reformanliegen. Aber erst nach seinem Tode begann das Theater- und Konzertwesen am kaiserlichen Hof aufzublühen. Mit dem Regierungsantritt der Kaiserin Elisabeth im Jahre 1741 trat das französische Theater in den Vordergrund. Im von Bartolomeo Carlo Rastrelli errichteten prächtigen Hofschauspielhaus versammelten sich die Theaterbesucher in überaus prunkvollen Logen, die sich in vier Reihen über dem Parterre erhoben. Allwöchentlich wurden als Ergänzung glanzvoller Vergnügungen der langen Wintersaison je ein französisches und ein russisches Stück gespielt, hinzu kam zur Verherrlichung der Hoffeste von Zeit zu Zeit eine italienische Oper. Einen besonderen Reiz erlangten die Aufführungen durch Balletteinlagen.

Das französische Theater und die französische Literatur boten den russischen Schauspielern und Dichtern mannigfache

Anregungen und Vorbilder, was zu zahlreichen Nachahmungen führte. So richteten Studenten des St. Petersburger Landkadettenkorps ein Liebhabertheater ein, dessen Initiatoren vor allem Melissino, Swistunow und Osterwald waren. Hierbei handelte es sich bereits um den Keim des späteren Nationaltheaters. Kadetten-Studenten traten mehr und mehr auch bei Hofe auf und wirkten ebenso an den dortigen Ballettvorführungen mit. Kaiserin Elisabeth brachte den Arbeiten der studentischen Schauspieler reges Interesse entgegen. Der russische Dramatiker Sumarokow, ein ehemaliger Zögling des Landkadettenkorps, nahm als Dichter ebenfalls großen Anteil an den Aufführungen der kadettischen Schauspieler.

Um die Mitte des Jahrhunderts machten sich auch an anderen Orten Bestrebungen zur Schaffung eines nationalen Theaters bemerkbar, so in Jaroslawl, wo der Kaufmannssohn Fjodor Grigorjewitsch Wolkow zusammen mit seinem Bruder Grigori Grigorjewitsch und Freunden in einer Scheune Theatervorstellungen veranstaltete, die die Aufmerksamkeit des Woiwoden Mussin-Puschkin auf sich zogen. Bald darauf wurde ein öffentliches Theater eingerichtet. Fjodor Wolkow hatte in Moskau und Petersburg studiert und sich dort näher auch mit der deutschen und der italienischen Schauspielkunst bekannt gemacht. Er eröffnete das Theater zu Jaroslawl mit dem Drama »Esther« und der Schäferidylle »Ewmon und Berfa«, zu der er auch die Musik schrieb. Die von den Schauspielern gezeigten Leistungen befriedigten nicht nur die Zuschauer, sondern fanden in ganz Rußland Beifall. Wolkows Ruf drang bald auch an das Ohr der Kaiserin Elisabeth, die im Jahr 1750 durch einen Ukas Wolkows Theatergesellschaft samt Garderobe und Kulissen von Jaroslawl nach St. Petersburg beorderte, wo die Schauspieler bei ihren Aufführungen reichen Beifall ernteten. Die Zarin trug

Fjodor Grigorjewitsch Wolkow.
Gemälde von Lossenko, 1763

Von Katharina II. verfaßtes
Theaterstück, St. Petersburg 1792

auch für die weitere Ausbildung der jungen Schauspieler Sorge:
Die Gebrüder Wolkow und ihre Freunde erhielten die Möglichkeit, in das Kadettenkorps einzutreten und ihre Ausbildung
zu vervollkommnen. Fjodor Wolkow selbst nahm zu mehreren
Dramatikern Verbindung auf und förderte die Ausbildung der
bekannten Schauspieler Iwan Afanassjewitsch Dmitrewski und
Jakow Danilowitsch Schumski.

Fjodor Wolkow wurde nicht nur der Begründer des russischen Nationaltheaters, sondern auch der erste russische
Opernkomponist. Seine Oper führte den Titel: »Tanjuschka
oder Die glückliche Begegnung«. Die Premiere fand im Jahre
1756 statt, das zugleich als Gründungsjahr des ständigen russischen Nationaltheaters gilt. Der erste Direktor des Theaters
wurde der vielseitige klassizistische Dichter und Literaturtheo-
retiker Alexander Petrowitsch Sumarokow. Das Theater von

1756 besteht noch heute als Puschkin-Theater in St. Petersburg. In der Regierungszeit Katharinas II. nahm die russische Bühnenkunst einen weiteren Aufstieg. Unter der Kaiserin wurde das Schauspiel zu einem ständigen Bestandteil der Theaterprogramme. Privattheater in Provinzstädten und auf Adelssitzen vermochten ebenfalls ein reichhaltiges Repertoire vorzuweisen und brauchten den Vergleich mit ausländischen Bühnen in keiner Weise zu scheuen. Es wurden nahezu alle Stücke der damaligen klassischen Theaterliteratur gespielt, darunter zahlreiche aus der Feder russischer Literaten. In dieser Zeit traten bedeutende russische Künstler hervor, unter ihnen Pjotr Alexejewitsch Plawiltschikow, Tatjana Michailowna Trojepolskaja und Sila Nikolajewitsch Sandunow. Einen hohen Stand erreichten auch die Theater, auf deren Bühne leibeigene Künstler auftraten, wie die hervorragende Opernsängerin Praskowja Iwanowna Shemtschugowa-Kowaljowa, die im Dienst der Grafen Scheremetew stand. Die russischen Dichter führten auf den nationalen Bühnen in eindrucksvoller Weise die Gebrechen und Mißstände vor, die im Zarenreich herrschten. Kaiserin Katharina II. sah im Theater ebenso wie Peter I. eine Schule zur Erziehung der Nation, die sie in ihrem Sinne zu handhaben suchte. Neben Wolkow, dessen Verdienste um das russische Theater durch Erhebung in den Adelsstand anerkannt wurden, tat sich als Komponist Jewstignei Ipatowitsch Fomin hervor. Von ihm stammt die volkstümliche komische Oper »Der Müller als Zauberer, Betrüger und Brautwerber«. Als Komponist bekannt wurde auch der Geigenvirtuose Iwan Jewstafjewitsch Chandoschkin.

Als Verfasserin von Theaterstücken versuchte sich auch die Kaiserin selbst. Ihre in der Hauptsache gegen die Freimaurer gerichteten Lustspiele gerieten freilich bereits unmittelbar nach dem Tode der Herrscherin in Vergessenheit.

Anmerkungen

1 Aus der Fülle der neueren Katharina-Literatur nenne ich nur: M. Raeff, Katharina II., in: H.-J. Torke (Hrsg.), Die russischen Zaren, München 1995, S. 233–261, 386–390; C. Scharf, Katharina II., Deutschland und die Deutschen, Mainz 1995; I. de Madariaga, Katharina die Große, Berlin 1994; dieselbe, Russia in the Age of Catherine the Great, London 1981. Vgl. auch J. T. Alexander, Catherine the Great – Life and Legend, Oxford 1989; H. Fleischhacker, Mit Feder und Zepter. Katharina II. als Autorin, Stuttgart 1978. Übersicht bei: E. Donnert, Das russische Zarenreich, München 1992, S. 170–223. Demnächst erscheint: E. Donnert, Kaiserin Katharina II. von Rußland. Ein Lebensbild.

2 G. Lehmann-Carli (Hrsg.), Russische Aufklärung und Aufklärungsrezeption, in: Zeitschrift für Slawistik 39 (1994), Heft 3, S. 333–496; G. Robel, Zur Aufklärung in Adelsgesellschaften: Rußland und Polen, in: Europäische Aufklärung(en), hrsg. von S. Jüttner und J. Schlobach, Hamburg 1992, S. 152–171; E. Donnert, Rußland im Zeitalter der Aufklärung, Leipzig, Köln, Wien 1983, 1984.

3 Vgl. insbesondere Scharf, Katharina II. (wie Anm. 1), passim.

4 D. Geyer, Der Aufgeklärte Absolutismus in Rußland, in: Jahrbücher für Geschichte Osteuropas 30 (1982), S. 176–189; K. O. Freiherr von Aretin, Das Problem des Aufgeklärten Absolutismus in der Geschichte Rußlands, in: Handbuch der Geschichte Rußlands, Bd. 2, Stuttgart 1993, S. 849–867; E. Donnert, Politische Ideologie der russischen Gesellschaft zu Beginn der Regierungszeit Katharinas II., Berlin 1976.

5 A. S. Mylnikow, Die falschen Zaren. Peter III. und seine Doppelgänger in Rußland und Europa, Eutin 1994.

6 J. T. Alexander, Autocratic Politics in a National Crisis: The Imperial Russian Government und Pugachev's Rebellion 1773–1775, Indiana 1969; D. Peters, Politische und gesellschaftliche Vorstellungen in der Aufstandsbewegung unter Pugačev, Wiesbaden 1973; E. Donnert, Ideologie und Gesellschaftsideal der Pugačëv-Bewegung, in: Gesellschaft und Kultur Rußlands in der 2. Hälfte des 18. Jahrhunderts (Wissenschaftliche Beiträge der Universität Halle), Teil 1, Halle 1982, S. 87–120.

7 E. Donnert, Zu den Anfängen des russischen Volksbildungswesens in der zweiten Hälfte des 18. Jahrhunderts, in: Jahrbuch für Erziehungs- und Schulge-

schichte 25 (1985), S. 61–74; M. J. Okenfuss, Education and Empire: School Reform in Enlightened Russia, in: Jahrbücher für Geschichte Osteuropas 27 (1979), H. 1, S. 41–68. Noch immer nützlich: D. A. Tolstoi, Ein Blick auf das Unterrichtswesen Rußlands im 18. Jahrhundert, St. Petersburg 1884; derselbe, Die Stadtschulen während der Regierungszeit der Kaiserin Katharina II., St. Petersburg 1887; derselbe, Das Akademische Gymnasium und die Akademische Universität im 18. Jahrhundert, St. Petersburg 1886.

8 Eine moderne Biographie dieses bedeutenden Mannes fehlt noch immer. Vgl. P. M. Majkov, Ivan Ivanovič Beckoj, St. Petersburg 1904.

9 Abgedruckt in: Johann Joseph Haigold (= August Ludwig Schlözer), Neu-verändertes Rußland oder Leben Catharinä der Zweyten, Teil 2, Riga, Leipzig 1772, S. 93–106.

10 Ebenda, S. 98.

11 Ebenda, S. 99.

12 Ebenda, S. 100–106.

13 Donnert, Politische Ideologie (wie Anm. 4), S. 22ff.

14 Denis Diderot, Bildungsplan für die Regierung von Rußland. Übersetzt und eingeleitet von W. U. Drechsel, Berlin 1971. Vgl. auch E. Donnert, Katharina II. von Rußland, Voltaire und Diderot, in: Beiträge zur Romanischen Philologie 24 (1985), H. 2, S. 325–332; derselbe, Philipp Heinrich Dilthey (1723–1781) und sein Bildungsplan für Rußland vom Jahre 1764, in: Österreichische Osthefte 31 (1989), H. 2, S. 203–237.

15 Diderot, Bildungsplan (wie Anm. 14), S. 34–36.

16 Abgedruckt in: Tolstoi, Stadtschulen (wie Anm. 7), S. 169–185.

17 Hartwig Ludwig Christian Bacmeister (Hrsg.), Russische Bibliothek, Bd. 9, Riga 1784, S. 175.

18 P. Polz, Theodor Janković Mirjevski und die theresianische Schulreform bei Serben und in Rußland. Phil. Diss. (Masch.), Graz 1970; derselbe, Theodor Janković und die Schulreform in Rußland, in: Die Aufklärung in Ost- und Südosteuropa, Redaktion: H. Ischreyt, Köln, Wien 1972, S. 119–174.

19 Bacmeister, Russische Bibliothek, Bd. 9 (wie Anm. 17), S. 179 f.

20 Ebenda, S. 184.

21 Istorija Moskovskogo universiteta (Geschichte der Moskauer Universität), Bd. 1, Moskau 1955.

22 E. Donnert, Die Petersburger Akademie der Wissenschaften und das Wirken Michail Vasil'evič Lomonosovs, in: Österreichische Osthefte 28 (1986), H. 3, S. 279–310. Vgl. auch: E. Winter (Hrsg.), Lomonosov, Schlözer, Pallas, Berlin 1962.

23 A. S. Puschkin, Gesammelte Werke, Bd. 5, Berlin, Weimar 1965, S. 175.

24 E. Donnert, Zur Verbreitung bürgerlicher Wissenschafts- und Gesellschaftslehren an der Universität Moskau in der zweiten Hälfte des 18. Jahrhunderts, in: Jahrbuch für Geschichte der sozialistischen Länder Europas 23 (1979) H. 2, S. 25–34; Ch. Fleckenstein, Übersetzungen aus der Encyclopédie im Rußland des 18. Jahrhunderts, in: Beiträge zur Romanischen Philologie (wie Anm. 14), S. 333–338.

25 U. Lehmann, Der Gottschedkreis in Rußland, Berlin 1966.

26 E. Donnert, Russische Studenten an englischen Universitäten im 18. Jahrhundert, in: Wegenetz europäischen Geistes II, hrsg. von R. G. Plaschke und K. Mack, Wien 1987, S. 127–133.

27 J. Hasselblatt, Historischer Überblick der Entwicklung der Kaiserlich Russischen Akademie der Künste in St. Petersburg, St. Petersburg, Leipzig 1886.

28 Stiftungen der Kaiserlichen Akademie der Künste in St. Petersburg, in: Neuverändertes Rußland (wie Anm. 9), Teil 1, Riga, Mitau 1771, S. 179–230. Zur Übersicht: E. Amburger, Die Gründung Gelehrter Gesellschaften in Rußland unter Katharina II., in: Wissenschaftspolitik in Mittel- und Osteuropa, Redaktion: H. Ischreyt, Berlin 1976, S. 259–270.

29 Neuverändertes Rußland (wie Anm. 9), Teil 1, S. 183–185.

30 E. Donnert, Anfänge der Petersburger Freien Ökonomischen Gesellschaft, in: derselbe, Politische Ideologie (wie Anm. 4), S. 133–195.

31 Jetzt deutsche Teilausgabe seiner Memoiren: Andrei Bolotow, Leben und Abenteuer, 2 Bände, Leipzig 1989.

32 A. Anderle (Hrsg.), Pjotr Rytschkov. Orenburgische Topographie, Leipzig, Weimar 1983.

33 E. Donnert, Dmitri A. Golicyn und sein Werk »Vom Geist der Ökonomisten« (erscheint demnächst).

34 Stiftung der Freien Russischen Gesellschaft in Moskau, in: Hartwig Ludwig Bacmeister (Hrsg.), Russische Bibliothek, Bd. 1, Riga 1771, S. 105–107.

35 G. D. Komkov, B. V. Levšin, L. K. Semënov, Geschichte der Akademie der Wissenschaften der UdSSR, hrsg. von C. Grau, Berlin 1981; P. Pekarskij, Istorija Imperatorskoj Akademii nauk v Peterburge (Geschichte der Kaiserlichen Akademie der Wissenschaften in Petersburg), 2 Bände, St. Petersburg 1870, 1873 (Neudruck Leipzig 1977).

36 M. W. Lomonossow, Ausgewählte Schriften in zwei Bänden, Berlin 1961.

37 Über Pallas jetzt: F. Wendland, Peter Simon Pallas (1741–1811). Materialien einer Biographie, 2 Bände, Berlin, New York 1992.

33 E. Donnert, Zum russischen Buch-, Verlags- und Zeitschriftenwesen (1700–1783), in: H. Graßhoff (Hrsg.), Literaturbeziehungen im 18. Jahrhundert, Berlin 1986, S. 236–260.

39 Ebenda, S. 256.

40 I. Ischreyt, H. Ischreyt, Der Arzt als Lehrer. Populärmedizinische Publizistik in Liv-, Est- und Kurland als Beitrag zur volkstümlichen Aufklärung im 18. Jahrhundert, Lüneburg 1990.

41 A. Lauch, Wissenschaft und Kulturbeziehungen in der russischen Aufklärung. Zum Wirken H. L. Ch. Bacmeisters, Berlin 1969.

42 C. Eichhorn, Die Geschichte der St. Petersburger Zeitung 1727–1902, St. Petersburg 1902.

43 Dazu jetzt: P. Hoffmann (Hrsg.), Geographie, Geschichte und Bildungswesen in Rußland und Deutschland. Briefwechsel Anton Friedrich Büsching – Gerhard Friedrich Müller 1751–1783, Berlin 1995.

44 E. Donnert, Zur Weltanschauung und gesellschaftspolitischen Wirksam-

keit N. I. Nowikows, in: Deutsche Zeitschrift für Philosophie 31 (1983), H. 4, S. 478–487.

45 Ebenda, S. 482ff.

46 = Titel der deutschen Ausgabe von 1782 (französischer Originaltitel: Des erreurs et de la vérité, 1775).

47 Beförderer der Aufklärung in Mittel- und Osteuropa. Freimaurer, Gesellschaften, Clubs, Redaktion: H. Ischreyt, Berlin 1979; G. V. Vernadskij, Russkoe masonstvo v carstvovanie Ekateriny II (Russische Freimaurerei in der Regierungszeit Katharinas II.), Petrograd 1917 (Neudruck Vaduz 1970); E. Bryner, Die Moskauer Freimaurer, in: D. Herrmann (Hrsg.), Deutsche und Deutschland aus russischer Sicht: 18. Jahrhundert. Aufklärung, München 1992, S. 378–392.

48 Fleischhacker, Mit Feder und Zepter (wie Anm. 1).

49 H. Graßhoff (Hrsg.), Geschichte der russischen Literatur, Bd. 1, Berlin 1986, S. 155ff.

50 Hrsg. von A. Graßhoff, Leipzig 1961. Ansonsten: Zum 175. Todestag A. N. Radisčevs, in: Wissenschaftliche Zeitschrift der Universität Leipzig. Gesellschafts- und Sprachwiss. Reihe 26 (1977), H. 4, S. 285–381; E. Donnert, Neue Wege der russischen Geschichtsschreibung im 18. Jahrhundert, Berlin 1985, S. 56ff.

51 E. Amburger, Ingermanland. Eine junge Provinz Rußlands im Wirkungsbereich der Residenz- und Weltstadt St. Petersburg, 2 Teilbände, Köln, Wien 1980; K. Stählin, Aus den Papieren Jacob von Stählins, Königsberg, Berlin 1926, S. 255ff. In der Folge vgl.: Geschichte der russischen Kunst, Dresden 1975; Geschichte der russischen Kunst, Bd. 6, Dresden 1976; H. Rothe (Hrsg.), Beiträge zu den europäischen Bezügen der Kunst in Rußland, Gießen 1979, auch: G. F. Waagen, Die Gemäldesammlung in der Kaiserlichen Ermitage zu St. Petersburg, München 1864.

52 Stählin, Stählin (wie Anm. 51), S. 273.

53 Historische Nachricht von der metallenen Bildsäule Peters des Großen, St. Petersburg 1783. Zitat in: Russische Bibliothek (wie Anm. 17), S. 221–222.

54 Katharinas II. Manifest bei Gelegenheit der Aufdeckung der Bildsäule Peters des Großen vom 7. August 1782, in: Neues St. Petersburger Journal vom Jahre 1782, Bd. 3, S. 168–171.

55 V. N. Vsevoldodskij-Gernross, Russkij teatr vtoroj poloviny XVIII veka (Das russische Theater in der zweiten Hälfte des 18. Jahrhunderts), Moskau 1960; V. D. Kuzmina, Russkij demokratičeskij teatr XVIII veka (Das russische Volkstheater im 18. Jahrhundert), Moskau 1958; F. G. Volkov i russkij teatr ego vremeni (F. G. Volkov und das russische Theater seiner Zeit), Moskau 1953; J. V. Keldyš, Russkaja muzika XVIII veka (Die russische Musik im 18. Jahrhundert), Moskau 1965.

Personenregister